MARIE UND JULIUS FELDT

Camping-Küche

Groß Kochen auf kleiner Flamme

Marie und Julius Feldt

CAMPING-KÜCHE

GROSS KOCHEN AUF KLEINER FLAMME

Jan Thorbecke Verlag

VERLAGSGRUPPE PATMOS

PATMOS
ESCHBACH
GRUNEWALD
THORBECKE
SCHWABEN
VER SACRUM

Die Verlagsgruppe
mit Sinn für das Leben

Für die Verlagsgruppe Patmos ist Nachhaltigkeit ein wichtiger Maßstab ihres Handelns.
Wir achten daher auf den Einsatz umwelt-
schonender Ressourcen und Materialien.

Gedruckt auf Nautilus classic – ein 100%
recyceltes Papier aus 100% Altpapier – aus-
gezeichnet mit dem blauen Umweltengel,
EU Ecolabel und FSC-zertifiziert.

Wir haben uns bei diesem Buch viele Ge-
danken darüber gemacht, wie wir es auch in
Produktion und Ausstattung umweltfreund-
lich gestalten können. Darum haben wir
Recycling-Papier gewählt. Beim Umschlag
haben wir uns jedoch für eine Kaschierung
entschieden, um das Buch vor Schmutz und
Feuchtigkeit zu schützen – gerade beim
Campen und beim Kochen ist das besonders
nötig. Dadurch soll euch das Buch so lange
wie möglich erhalten bleiben, denn was lange
hält, vermeidet Abfall und neuen Konsum, ist
also nachhaltiger.

Alle Rechte vorbehalten
© 2022 Jan Thorbecke Verlag
Verlagsgruppe Patmos
in der Schwabenverlag AG, Ostfildern
www.thorbecke.de

Gestaltung:
Finken & Bumiller, Stuttgart
Druck: Finidr s.r.o., Český Těšín
Hergestellt in Tschechien
ISBN 978-3-7995-1551-1

INHALT

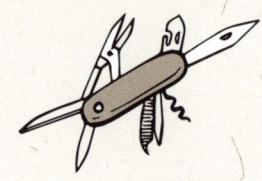

NACHHALTIG REISEN

Das Leben im Van bietet ideale Trainingsbedingungen für ein nachhaltiges Leben: Unsere Vorräte sind begrenzt, egal ob Gas, Grillkohle oder Wasser, darum gehen wir automatisch achtsamer mit ihnen um.

UNTERWEGS

— Bevor ihr euch eine neue Camping-Ausrüstung zulegt, überlegt, ob ihr euch vielleicht bei Freunden entsprechendes Equipment ausleihen könnt oder ob es durch entsprechende Alternativen ersetzt werden kann.

— Verzichtet auf unnötigen Ballast beim Packen, denn auch Gewicht verbraucht Energie und somit Sprit.

— Langsam fahren: schont den Tank und somit Umwelt und Geldbeutel.

— Wer mit gutem Gewissen reisen möchte, kann den Verbrauch durch Camper oder Wohnmobil auch CO2-freundlich kompensieren. Hierfür gibt es mehrere Anbieter, bei denen ihr den Gegenwert eurer Emissionen in ein gutes, nachhaltiges Entwicklungsprojekt stecken könnt und so eine Art »Ausgleichszahlung« vornehmt.

— Es gibt Umweltsiegel im Tourismus, auf die ihr achten könnt. Bei label-online.de findet ihr eine Übersicht.

- Überlegt euch am Stellplatz gut, wofür ihr Strom nutzen wollt und wo ihr sparen könnt. Auch das spart Emissionen und schont die Umwelt.
- Nehmt für kurze Wege, z.B. in den Supermarkt, ein Fahrrad mit und spart euch die Fahrt mit den Van oder Campingbus.

VOR ORT

- Beim Campen – egal ob im Zelt oder im Camper – achtet bitte immer auf die Natur, besonders beim Wildcampen! Schneidet oder hackt keine Äste ab und zeltet nur auf ausgewiesen Flächen. Müll liegen lassen geht sowieso gar nicht.
- In heißen Sommern sind Lagerfeuer in vielen Gegenden verboten, wegen der Waldbrandgefahr. Natürlich halten wir uns daran, aber auch sonst lassen wir nie ein Feuer allein, solange noch Glut darin ist, und achten auf herausfliegende Funken. Sucht euch am besten ausgewiesene Lagerfeuerplätze – so könnt ihr sichergehen, dass Tier- und Menschenwohl nicht gefährdet werden.
- Überlegt bereits zu Hause, welche Lebensmittel ihr vielleicht in Vorratsdosen oder Weckgläser umfüllen könnt, um so auf der Reise unnötigen Müll durch deren Verpackungen zu vermeiden.
- Verzichtet daheim wie auch unterwegs auf Plastik: Viele Dinge sind auf den ersten Blick praktisch oder in manchen Ländern kaum anders erhältlich als umständlich in Plastik verpackt. Wir fragen uns daher immer: Brauche ich dieses oder jenes oder kann ich im Urlaub vielleicht darauf verzichten?

- Vermeidet Einwegplastik und nehmt fürs Camping Alternativen fürs Kochen von zu Hause mit. Currypaste oder Pesto aus dem wiederverschließbaren Glas sind super, wenn es mal schnell gehen muss, und produzieren weniger Müll als Saucenpulver in vielen kleinen Tüten.
- Kauft Trinkwasser nicht in einzelnen Plastikflaschen, sondern nehmt Mehrwegkanister von daheim mit und füllt diese dann immer an den entsprechenden Wassertankstationen auf.
- Plant Eure Lebensmittel und Mahlzeiten gut ein. So lassen sich aus den gleichen Lebensmitteln mehrere verschiedene Gerichte zubereiten, und das spart wiederum Energie (Gas beim Gaskocher oder Grillkohle beim Grillen).
- Regionale und saisonale Produkte auf Reisen sind immer wieder eine Entdeckung: Wir lieben die Wochenmärkte in anderen Städten und Ländern. Oft bekommt ihr auch an den Häfen des Mittelmeeres den frischesten Fisch.

LEBENSMITTEL

Tomatenmark
Senf
Backpulver
Trockenhefe
Essig
Olivenöl
Dijonnaise
Gemüsebrühe im Glas
Tomaten in Dosen
Nudeln
Reis
Chia
Couscous
Haferflocken
  oder Müsli
Rote Linsen
Mehl
Rohrohrzucker
Zwiebeln
Knoblauch
Tee
Kaffee
Milch oder
  Pflanzendrink
Nüsse nach Belieben
Knäckebrot oder
  Reiswaffeln

Gewürze: Salz, Pfeffer, Paprika, Curry sind für uns ein Muss. Alles weitere ist die Kür: Kreuzkümmel, Muskat ... Gewürzkräuter: Oregano, Thymian, Rosmarin, Basilikum, Salbei kann man getrocknet einpacken. Wenn man Richtung Mittelmeer fährt, ergeben sich aber oft Gelegenheiten, diese Kräuter frisch zu kaufen oder sogar selbst zu sammeln (vor allem Oregano und Thymian). Im Campingbedarf findet man Kombistreuer mit mehreren Gewürzfächern in einer Dose. Diese sollten aber wiederbefüllbar sein, sonst ist am Ende das Salzfach leer, aber das Curryfach noch halbvoll.

Verpackt eure Lebensmittel, so gut es geht, in Vorratsgläsern oder wiederverschließbaren Boxen – denn offene Dosen, Beutel oder Tüten ziehen Tiere (Ameisen, Siebenschläfer, Ratten!) an oder sorgen dafür, dass eure Lebensmittel schneller verderben.

PACKLISTE FÜR
KÜCHEN-EQUIPMENT

1 Messbecher oder 1 Küchenwaage

2 Schüsseln (groß und klein) für Teig, Salat etc.

2 bis 3 Töpfe mit Deckel: ein großer Topf (für Nudeln etc.), ein kleiner Topf (für die Sauce)

2 Pfannen (groß und klein, am besten auch eine Pfanne mit etwas mehr Tiefe und einem passenden Deckel)

1 Grill – es gibt inzwischen gute Kompaktgrills fürs Reisen und fürs Picknick, auch für den Gebrauch mit Kohle

1 Auflage aus Metall oder Stein zum Grillen, die ihr u.a. für Pizza vom Grill nutzen könnt

1 Beutel Grillkohle und/oder Holz

1 kleine Axt oder Säge

1 Kocher und Brennstoff

2–3 verschieden große Bienenwachstücher: Bienenwachstücher aus Bio-Baumwolle sind perfekt für Reiseproviant, zum Aufbewahren und Abdecken.

2–3 Brotdosen und Aufbewahrungsboxen: Am besten packt ihr Dosen ein, die man gut ineinander stapeln kann – das spart Platz.

1 Kochlöffel

1 Pfannenwender

1 Reibe (am besten eine Vierkantreibe)

1 Schneidebrett

1–2 scharfe (Küchen-)Messer

1 Schere

1 Thermoskanne

2 Trinkflaschen

1 Wasserkanister

1 Kühlbox oder Kühltasche

1 Seiher oder Sieb zum Abgießen der Nudeln und für den Salat. Es gibt auch einklappbare Varianten, die sich gut verstauen lassen

1 Spülschüssel

Geschirr und Gläser

Besteck

1 Grillzange

2 Spüllappen

1 Spülmittel

3–4 Geschirrtücher

1 Dosenöffner und 1 Flaschenöffner / Korkenzieher

1 Sparschäler

1 Feuerzeug oder Streichhölzer

1 Rolle Müllbeutel

2 bis 3 leere Einmachgläser

1 Espressokocher oder French Press

HINWEIS: Für zwei von unseren Rezepten (S. 18 u. 71) eignet sich besonders gut ein Kugelgrill, weil man mit ihm auch backen kann. Ersatzweise kann man die Rezepte auch in einem großen Gusseisentopf auf dem Herd oder auf dem Feuer zubereiten, z.B. in einem Dutch Oven. Für gleichmäßige Wärme empfehlen wir, etwas Glut auf den Topfdeckel zu legen.

FRÜHSTÜCK

ZUTATEN
für 2 Portionen

ZUBEREITUNG
ca. 20 Minuten

IHR BRAUCHT
1 Schüssel, 2 feuerfeste Tassen
oder Konservendosen, 1 Grill
(bevorzugt Kugelgrill, da dieser
über einen Deckel verfügt)

TASSENBROT

VOM GRILL MIT WILDKRÄUTERQUARK

Zutaten

FÜR DAS BROT:

100 g Mehl

½ TL Salz

1 TL Backpulver (gestrichen)

1 Ei

100 ml Milch

50 g weiche Butter oder
 Margarine

Extra: 1 EL Saaten und
 Körner nach Gusto,
 z.B. Leinsamen oder
 Kürbiskerne

1 EL Olivenöl zum Einölen

FÜR DEN QUARK:

250 g Quark

2 EL Olivenöl

½ TL Paprikapulver

Salz

Pfeffer

Wildkräuter und Wildblüten
 (Schafgarbe, Sauerampfer,
 Löwenzahn u.v.m., s. S. 32)

½ Schalotte

Statt Wildkräuter kann
man auch »gängige« Kräu-
ter verwenden, die man auf
dem Markt oder im Super-
markt bekommt.

Zubereitung

1. In einer Schüssel Mehl, Salz, Backpulver
 sowie Saaten und Körner mischen und eine
 Mulde in der Mitte formen. Ei, Milch und
 Butter in die Mulde geben und alles mit
 einer Gabel unterheben und vermischen,
 bis eine glatte Masse entsteht.
2. Den Teig mit etwas Mehl auf eine Arbeits-
 fläche oder ein Brett setzen, nicht kneten,
 sondern nur in zwei gleichgroße Portionen
 teilen.
3. Die Tassen einölen und die Teighälften
 vorsichtig in die Tassen füllen. Da der Teig
 beim Backen geht, die Tassen nur zu 2/3
 füllen. Sollte mehr Teig entstanden sein,
 diesen in einer weiteren Tasse ausbacken.
4. Die Oberfläche des Teigs mit etwas Wasser
 bepinseln.
5. Bei geschlossenem Deckel des Grills ca.
 10–15 Minuten backen. Je flacher die Tassen,
 desto schneller ist der Teig durchgebacken.
6. Währenddessen für den Quark die Schalotte
 und die Kräuter kleinschneiden.
7. Quark, Olivenöl und Gewürze mit den Kräu-
 tern und der Schalotte vermengen.

Statt Tassen könnt ihr auch leere Konservendosen nutzen,
um das Brot darin zu backen.

18

ZUTATEN
für 4 Portionen

ZUBEREITUNG
Ca. 5–10 Minuten, am
besten über Nacht an
einem kühlen Ort zie-
hen lassen

IHR BRAUCHT
1 Schüssel, 2 Gläser
oder Müslischalen

TIPP: REGIONALITÄT
Schaut Euch unterwegs nach regionalen
Zutaten um, mit denen ihr das Müsli ergänzen
könnt: Kürbiskerne in Südtirol, Haselnüsse im
Piemont, Walnüsse in Rumänien, Pinienkerne
an der spanischen Mittelmeerküste. Durch
diese Vielfalt kommt die Abwechslung ganz
von allein in euer Frühstück.

BIRCHERMÜSLI
MIT ZITRONE, HEIDELBEEREN, NÜSSEN & KÜRBISKERNEN

Zutaten

6 EL Haferflocken
1 EL Rosinen
Abrieb einer Zitrone
1 geriebener Apfel
200 ml Milch oder
   Haferdrink
100 g Joghurt nach Wahl
200 g Heidelbeeren
2 EL gehackte Haselnüsse
2 EL Kürbiskerne

Zubereitung

1. Haferflocken, Rosinen, Abrieb einer Zitrone
   und den geriebenen Apfel in ein Glas oder
   eine Schüssel geben und mit der Milch oder
   dem Haferdrink vermengen.
2. Alles gut durchziehen lassen – am besten
   über Nacht an einem kühlen Ort.
3. Vor dem Servieren Joghurt, Heidelbeeren,
   Nüsse und Kerne unterheben.

Das klassische Birchermüsli wird statt mit Joghurt mit
geschlagener Sahne gemacht. Auf Reisen greifen wir aber
gerne auf die »schnelle« Version mit Joghurt zurück.

TIPP: PILZE SAMMELN

Selbstverständlich könnt Ihr auch selbst gesammelte Pilze gut in diesem Omelett verwenden. Bitte achtet – für den Naturschutz, aber auch wegen verunreinigter Böden – immer auf regionale Vorschriften, wenn ihr unterwegs seid.

OMELETT
MIT VERSCHIEDENEN PILZEN

Zutaten

1 EL Butter
400 g Pilze
4 Eier
Salz, Pfeffer

Geeignete Pilze sind:
  Steinpilze,
  Champignons,
  Seitlinge,
  Austernpilze,
  Pfifferlinge, u.v.m.

Zubereitung

1. Pilze mit einer kleinen Bürste oder einem trockenen Tuch abputzen (nicht waschen) und in Stücke schneiden.
2. Butter in einer Pfanne zerlaufen lassen und die Pilze darin kurz anbraten.
3. Die Pilze mit Salz und Pfeffer würzen.
4. Die Eier aufschlagen und verquirlen.
5. Die Eier vorsichtig über die Pilze geben und das ganze bei kleiner Flamme – am besten abgedeckt mit einem Deckel – stocken lassen.

Am besten schmeckt das Omelett zu Baguette. Wenn etwas übrigbleibt, kann man dies auch gut kalt aufs Butterbrot essen.

TIPP: KÄSEREI
Besonders in den ländlicheren Berg- und Alpenregionen gibt es tolle Käsereien, die auf Tierwohl und ökologische Landwirtschaft achten. Sie bieten oft Führungen durch ihre Betriebe an, bei denen man sich von den Standards überzeugen kann.

BAGUETTE
MIT KÄSE, PARMASCHINKEN, TOMATEN, KRESSE UND DIJONNAISE

Zutaten

1 Baguette
2 Tomaten
1 EL Frischkäse
4 TL Dijonnaise
4 Scheiben Parmaschinken
4 Scheiben Appenzeller
1 Handvoll Kresse

Zubereitung

1. Das Baguette quer in vier Teile schneiden, diese der Länge nach aufschneiden. Die Tomaten in Scheiben schneiden.
2. Den Deckel einer jeden Brothälfte mit Dijonnaise, den Boden mit Frischkäse bestreichen.
3. Die eine Hälfte mit Appenzeller, die andere mit Parmaschinken belegen. Anschließend Tomatenscheiben und Kresse auf beide Baguettehälften verteilen.

Belegte Brote und Baguettes sind unterwegs unser Essen Nr. 1. Man braucht nicht viel Equipment, die Zutatenliste ist überschaubar, es geht schnell und ist stets abwechslungsreich.

ABER: Die essentielle und »notwendige« Zutat ist für uns dabei immer wieder Dijonnaise. Gibt es leider so nur in Deutschland (fertig) zu kaufen, aber ist für uns auf unseren Reisen ein absolutes »must have« auf der Packliste! Es handelt sich dabei um eine Mischung aus Dijonsenf und Majonnaise.

EIER KOCHEN

2 MINUTEN

4 MINUTEN

6 MINUTEN

TIPP: EIER KOCHEN MAL ANDERS!
Eier in nasses Pergamentpapier
einwickeln oder eingewickelt kurz in
Wasser tauchen. Die Päckchen in die
Glut legen und mit Glut bedecken.
Nach etwa 10 Minuten mit der Grill-
zange herausholen.

8 MINUTEN

10 MINUTEN

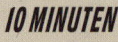

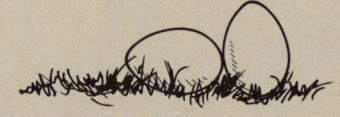

ZUTATEN
für 6 Stück

KOCHZEIT
ca. 30 Minuten

IHR BRAUCHT
1 Schüssel, 1 Pfanne

PANCAKES
MIT KARAMELLISIERTEN BIRNENSTÜCKEN

Zutaten

150 g Mehl
1 EL Rohrohrzucker
1 TL Backpulver
1 Prise Salz
2 Eier
120 ml Milch
Öl zum Braten

1–2 Birnen
1 EL Butter
1 TL Rohrohrzucker
1 Prise Zimt

Zubereitung

1. Die Birnen in kleine Stücken schneiden.
2. In einer Pfanne die Butter schmelzen und den Zucker hinzufügen.
3. Die Birnenstücke in die geschmolzene Butter setzen und alles zusammen ca. 5–10 Minuten karamellisieren.
4. Währenddessen in einer Schüssel Mehl, Zucker, Backpulver und eine Prise Salz vermengen. Ei und Milch hinzugeben und alles gut verquirlen.
5. Die karamellisierten Apfelstücke in einer Schüssel beiseitestellen, in derselben Pfanne mit etwas Öl die Pancakes ausbacken.

ZUTATEN
für 2 Portionen
KOCHZEIT
ca. 5–10 Minuten
IHR BRAUCHT
1 Topf, 2 Gläser oder
Müslischalen

TIPP: VORRÄTE
Die trockenen Zutaten des Porridges lassen
sich bereits daheim gut für mehrere Portionen
vormischen. Hier könnt ihr zum Süßen auch
auf Alternativen wie Kokosblütenzucker zurückgreifen. Die Porridge-Mischung dann gut
in einem Weckglas verschließen.

PORRIDGE
MIT FRISCHEN BEEREN UND KÜRBISKERNEN

Zutaten

6 EL Haferflocken
1 TL Rohrohrzucker
1 EL Leinsamen
1 TL Kakaopulver
1 TL Kakaonibs
150 ml Milch oder
    Pflanzendrink
1 EL Walnüsse
1 Prise Salz
200 g Erdbeeren oder
    andere Beeren der Saison

Zubereitung

1. Haferflocken, Rohrohrzucker, Leinsamen, Kakaopulver, Salz und Kakaonibs mit der Milch im Topf vermengen und kurz aufkochen.
2. Den Porridge kurz etwas quellen und abkühlen lassen.
3. Vor dem Servieren Nüsse und Erdbeeren kleingeschnitten hinzugeben. Warm genießen.

ERKENNEN UND SAMMELN

TIPP: Erntet bitte nur das, was ihr eindeutig als essbare Wildkräuter erkennt. Erntet nicht in Straßennähe oder auf Hundewiesen und Gassi-Routen. Außerdem solltet ihr nicht im Naturschutzgebiet oder fremden Gärten pflücken. Nehmt außerdem immer nur so viel mit, wie ihr wirklich braucht, damit die Pflanze unbeschadet weiterwachsen kann.

WILDKRÄUTER

LÖWENZAHN

Der Löwenzahn ist besonders in Norditalien beliebt. Er wächst auf den Wiesen, und im Frühling kann man nicht nur seine Blätter, sondern auch die gelben Blütendolden essen. Da Löwenzahn leicht bitter und nussig schmeckt, eignet er sich besonders gut für herzhafte Gerichte, u.a. als Ersatz für Spinat oder Rucola.

GÄNSEBLÜMCHEN

Gänseblümchen wachsen nahezu auf allen Wiesen und Weiden von Frühling bis Herbst. Sie sind leicht nussig und eine tolle Ergänzung im Salat. Essbar sind vor allem die Blüten, aber auch die jungen Blätter.

ROTER WIESENKLEE

Die Blätter und Triebspitzen des roten Wiesenklees kann man im Frühjahr und Sommer ernten. Dann schmecken sie besonders frisch und süß. Kleingeschnitten kann man sie unter die Masse für vegetarische Bratlinge mischen, die Blüten sind eine hübsche Ergänzung im Salat.

BRENNNESSEL

Brennnessel wächst fast überall von Frühling bis Herbst. Besonders lecker sind die jungen Blatttriebe, aber auch die Samen der weiblichen Brennnessel sind besonders gesund (reich an Vitamin C). Man kann die Samen einfach übers Müsli streuen. Brennnesselblätter eignen sich besonders gut als Tee oder auch im Salat.

WEISSE TAUBNESSEL

Wie der Name schon sagt, hat die Taubnessel im Gegensatz zur Brennnessel keine Brennhaare und lässt sich daher einfacher pflücken. Man findet sie auf Wiesen und am Wegesrand. Sowohl Blätter als auch Stängel und Blüten sind essbar. Die Blüten sind sehr süß und schmecken toll im Müsli oder zum Dessert, die Blätter lassen sich als Alternative zum Spinat in Salat und Suppen gut verwenden.

GEWÖHNLICHER GUN- DERMANN

Gundermann lässt sich fast das ganze Jahr über sammeln. Er hat besonders viel Vitamin C, und die Blätter passen in den Salat oder auch in die Kräuterbutter. Man findet ihn an Waldrändern oder auf Wiesen.

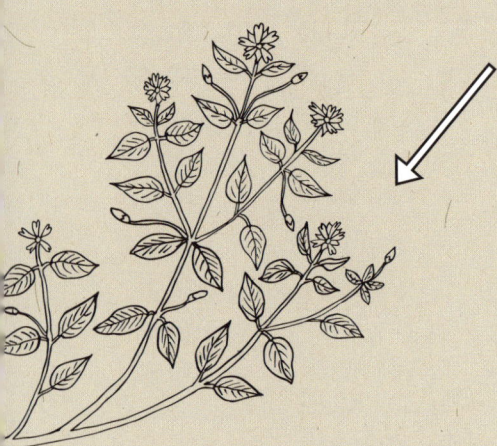

VOGELMIERE

Die Vogelmiere wächst auf Wiesen und Wegesrändern. Die ganze Pflanze ist essbar – jedoch Vorsicht: Man muss genau hinschauen, um sie von anderen Mieren zu unterscheiden, die weniger gut schmecken, Es besteht auch Verwechslungsgefahr mit dem schwach giftigen Ackergauchheil, aber nur wenn die Pflanzen nicht blühen. Ackergauchheil blüht nämlich orange, die Miere weiß. Vogelmiere lässt sich nicht nur als Salatbeigabe verwenden, sondern auch als entzündungshemmender Tee.

GIERSCH

Im Frühling wachsen die ersten jungen Blätter, im Sommer die Knospen und Blüten des Giersch, den man im Wald und unter Hecken finden kann. Das spinatige Kraut eignet sich sehr gut im Kräuterquark sowie als Gemüsebeilage oder im Salat. Blüten und Blätter sind essbar und leicht scharf im Geschmack. Auch die Früchte kann man pflücken und als Gewürz verwenden.
Achtung: Weiße Doldenblüter wie den Giersch gibt es viele, und einige davon sind sehr giftig. Finger weg, wenn der Stängel nicht vollständig grün ist, sondern rote oder braune Flecken hat, oder wenn beim Abbrechen ein gelber Saft austritt.

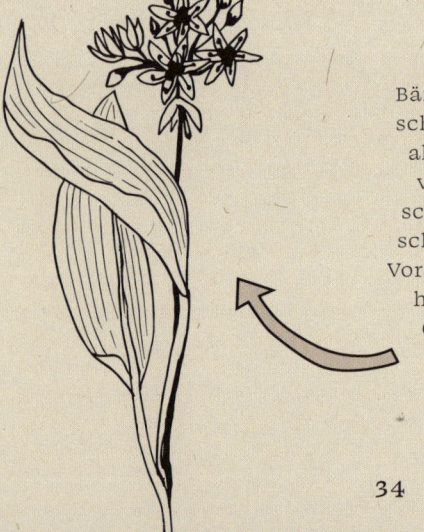

BÄRLAUCH

Bärlauch wächst im Frühling an feuchten und schattigen Stellen im Wald. Sowohl die Blätter als auch die Blüten sind essbar. Bärlauch ist verwandt mit Knoblauch und Zwiebel und schmeckt super als Pesto, aber auch kleingeschnitten in Dips, Kräuterbutter und im Salat. Vorsicht: Bärlauch wird oft verwechselt mit den hochgiftigen Maiglöckchen. Am typischen Geruch lässt er sich aber leicht erkennen.

SPITZWEGERICH

Überall auf Wiesen und am Wegesrand sind die Blätter und Blüten des Spitzwegerichs zu finden. Die jungen Blätter im Frühjahr eignen sich für Dips und für Kräuterquark. Die walzenförmigen Blütenstände schmecken ein wenig wie Pilze und passen in Salat oder Suppe. Besonders wertvoll ist der Spitzwegerich jedoch unterwegs aus einem anderen Grund: Der Saft der zerriebenen Blätter hilft wunderbar bei Mückenstichen. Das Jucken hört sofort auf – probiert es aus!

BREITWEGERICH

Die Blütezeit des Breitwegerichs ist Sommer und Herbst. Da er sehr widerstandsfähig ist, wächst er vor allem an Wegesrändern. Er eignet sich besonders gut für Teeaufgüsse. Aber auch als Beigabe im Kräuterquark eignen sich die jungen Blätter aus der Rosettenmitte der Pflanze. Er hilft ebenso gegen Insektenstiche und gegen andere kleine Wunden wie der Spitzwegerich.

SAUERAMPFER

Im Sommer und Herbst solltet ihr auf feuchten Wiesen Ausschau halten nach den jungen Blättern des Sauerampfers. Er enthält besonders viel Eisen, schmeckt leicht säuerlich und macht sich super als Beilage in Suppen und Fischsaucen.

WILDE BEEREN UND FRÜCHTE

WALDERDBEERE

Dieses kleine aromatische Wunder findet man vor allem im Sommer an schattigen und feuchten Waldrändern. Von ihr sind aber nicht nur die Früchte verwendbar, sondern auch die weißen Blüten im Salat oder die Blätter als Tee. Vorsicht: Verwechselt sie nicht mit der Indischen Scheinerdbeere, deren Blüten gelb sind.

HAGEBUTTEN

Die roten oder orangefarbenen Früchte der Hagebutte könnt ihr im Herbst ernten. Sie schmecken süß-säuerlich und sind eine wahre Vitamin-C-Bombe. Die getrockneten und kleingehackten Früchte lassen sich gut als Tee zubereiten. Jedoch solltet ihr einen Filter beim Aufbrühen verwenden, damit die feinen Härchen an den Kernen, die Juckreiz verursachen können, nicht in eurem Tee landen. Wegen der Härchen ist es schwierig, Hagebutten frisch vom Strauch zu essen, giftig sind sie aber auch roh nicht.

HOLUNDER – BLÜTEN UND BEEREN

Je nachdem wo ihr euch gerade aufhaltet, blüht der Holunder von Mai bis Juli. Die essbaren Dolden mit dem wunderbar süßlichen Duft könnt ihr vielseitig verwenden: ob abgezupft im Müsli oder im Pancakes-Teig oder gleich als ganze Dolde ausgebacken. Die Beeren der Holunderblüte hingegen solltet ihr mit Vorsicht genießen. Roh enthalten sie ein schwaches Gift – deshalb am besten nur im gekochten Zustand verwenden bzw. einmal aufkochen lassen und den Saft abseihen. Dieser Saft schmeckt am besten an kalten Herbsttagen als Punsch oder als Fruchtsoße zum Kaiserschmarrn.

SANDDORN

Im späten Herbst findet ihr vor allen in den Küstenregionen von Nord- und Ostsee fast überall in der Natur Sanddornsträucher. Roh schmecken die orangefarbenen Beeren sehr herb und sauer. Am besten die Früchte mit etwas Zucker einmal aufkochen und dann als Kompott zu warmen Nachtischen oder ins Müsli geben. Sanddorn wächst auch gern in den Dünen – klar, dass wir nicht durch gesperrte Dünen laufen, sondern nur an zugänglichen Stellen ernten!

WALDHEIDELBEERE

An sonnigen und feuchten Plätzen sind die kleinen blauen Waldheidelbeeren zu finden. Sie wachsen im Wald und in der Nähe von Mooren zwischen Juni und August. Besonders gut schmecken sie im Dessert und im Müsli.

FÜR SONNENTAGE

ZUM GRILLEN UND DRAUßEN GENIEßEN

ZUTATEN
für 2 Portionen oder 4 Fladenbrote

KOCH/GRILLZEIT
ca. 15 Minuten

IHR BRAUCHT
1 Schüssel, 1 Grill oder 1 Pfanne

FLADENBROT
AUS DER PFANNE ODER VOM GRILL MIT ARTISCHOCKEN UND FETA

Zutaten

250 g Mehl
½ TL Salz
1 TL Trockenhefe
125 ml Wasser
1 EL Olivenöl

100 g Feta
100 g Artischocken
    aus dem Glas in Öl
Pfeffer

Zubereitung

1. Mehl mit Salz und Trockenhefe vermengen und nach und nach mit dem Wasser zu einem glatten Teig verarbeiten.
2. Den Teig abgedeckt eine halbe Stunde an einem warmen Ort ruhen lassen.
3. Den Teig vor dem Portionieren noch einmal gut durchkneten und dann in 4 Teile teilen.
4. Jede Teigportion zu einem flachen Fladen formen.
5. Von beiden Seiten bei niedriger Temperatur grillen. Wenn ihr eine Pfanne verwendet, zuvor 1 EL Olivenöl erwärmen und die Brote darin anbraten.
6. Währenddessen Feta und Artischocken kleinschneiden. Den Feta mit einer Gabel etwas zerdrücken, so dass er leicht cremig wird, die Artischocken hinzufügen und untermischen. Mit frisch gemahlenem Pfeffer würzen.

Ihr könnt die Fladenbrote nach dem Grillen als Taschen für die Artischocken-Feta-Creme verwenden oder in die Creme tunken.
Die Fladenbrote lassen sich auch 1 bis 2 Tage in einer geschlossenen Box aufbewahren – daher lohnt es sich, gleich die doppelte Menge zuzubereiten.

ZUTATEN
für 4 Portionen

GRILLZEIT
ca. 10–15 Minuten

IHR BRAUCHT
2 Schüsseln, 1 Grill, 1 Auflage für
den Grill aus Metall oder Stein

WÄHE
VOM GRILL MIT KRÄUTERBUTTER

Zutaten

FÜR DIE WÄHE:
250 g Mehl
1 Päckchen Trockenhefe (12 g)
1 TL Salz
150 ml Wasser
Grobes Meersalz
ca. 2–3 EL Olivenöl

FÜR DIE KRÄUTERBUTTER:
100 g weiche Butter
Je 1 EL folgender frischer
    Kräuter, geschnitten:
    Rosmarin, Basilikum,
    Schnittlauch, Petersilie,
    Dill, Oregano
1 TL frischer Thymian,
    gezupft
1 Knoblauchzehe, klein-
    geschnitten
Salz und Pfeffer

Zubereitung

1. In einer Schüssel Mehl, Hefe und 1 TL Salz vermengen. Das Wasser nach und nach hinzugeben und den Teig gut kneten. Anschließend den Teig an einem warmen, aber nicht zugigen Ort eine Stunde abgedeckt gehen lassen.

2. Die weiche Butter in eine Schüssel geben und die fein geschnittenen und gehackten Kräuter sowie Knoblauch, Salz und Pfeffer gut miteinander vermengen.

3. Wenn der Teig gegangen ist, noch einmal kneten und zu einem flachen Fladen drücken.

4. Auf den Grill eine Auflage aus Stein oder Metall (ein Blech oder ähnliches) legen und den Fladen darauf von jeder Seite ca. 5–10 Minuten – je nach Temperatur – goldbraun backen.

5. Den noch warmen Fladen mit etwas Olivenöl einpinseln oder beträufeln sowie mit grobem Meersalz bestreuen.

6. Die Wähe nach dem Abkühlen mit Kräuterbutter genießen.

In den Teig der Wähe könnt ihr auch noch weitere Zutaten wie Oliven und getrocknete Tomaten einarbeiten, bevor ihr sie auf den Grill legt.

ZUTATEN
für 2 Portionen

ZUBEREITUNG
ca. 20–25 Minuten

IHR BRAUCHT
1 Topf, 1 Schüssel

TIPP: NACHHALTIGKEIT

Schaut beim Thunfisch genau aufs Etikett, woher er kommt, und vergleicht das mit dem Fischratgeber des WWF (fischratgeber.wwf.de). Ihr könnt Euch den Ratgeber schon zuhause als App runterladen.

SALAT NIÇOISE

Zutaten

100 g grüne Bohnen

4 kleine Kartoffeln

120 g Blattsalat, vorzugs-
    weise Endiviensalat

2 Tomaten

½ Zwiebel

100 g Oliven nach Wahl

2 gekochte Eier (s. S. 26)

1 Dose Thunfisch in Olivenöl

1 TL Kapern

1 Knoblauchzehe

1–2 Anchovis oder
    Sardellenfilets

2 EL Öl

2 EL Weißweinessig oder
    weißer Balsamico

1 TL Senf

Salz

Pfeffer

Zubereitung

1. Zunächst in einem Topf die Bohnen 5 Minuten kochen. Die Bohnen jedoch nicht abgießen, sondern nur abschöpfen und das heiße Wasser im Topf belassen, um darin anschließend die Kartoffeln ca. 15 bis 20 Minuten zu kochen.

2. Währenddessen Blattsalat, Tomaten und Zwiebeln klein schneiden.

3. Für das Dressing Kapern, Knoblauch sowie Anchovis fein hacken und mit Olivenöl, Essig, Salz und Pfeffer sowie Senf vermengen.

4. Die gekochten Kartoffeln je nach Größe vierteln oder achteln.

5. Die gekochten Eier in Viertel schneiden.

6. Salat, Tomaten, Oliven, grüne Bohnen, Kartoffeln und Oliven in eine Schüssel geben und mit dem Dressing vermengen. Zum Schluss den Thunfisch sowie die Eier auf dem Salat verteilen.

ZUTATEN
für 2 Portionen

KOCHZEIT
ca. 20–25 Minuten

IHR BRAUCHT
1 Pfanne, 1 Topf, 1 Schüssel

PASTA-SALAT
MIT FENCHEL UND ZITRONE

Zutaten

200 g Pasta
1 Fenchel
3 EL Olivenöl
50 g Parmesan
Saft 1 Zitrone
Salz, Pfeffer

Zubereitung

1. Pasta nach Anleitung in reichlich Salzwasser kochen.
2. Fenchel halbieren und in schmale Scheiben schneiden.
3. Olivenöl in einer Pfanne erhitzen und den Fenchel darin mit Salz und Pfeffer gewürzt andünsten.
4. Den Parmesan reiben und die Zitrone auspressen.
5. Pasta in eine Schüssel geben und die anderen Zutaten hinzugeben. Alles gut vermengen und lauwarm servieren.

ZUTATEN
für 2 Portionen

ZUBEREITUNG
ca. 15 Minuten

IHR BRAUCHT
1 Pfanne, 1 Schüssel

PANZANELLA –

TOMATENSALAT MIT GERÖSTETEM BROT

Zutaten

3 Scheiben Weißbrot oder
  ½ Baguette vom Vortag
Olivenöl
300 g gemischte Tomaten
Basilikumblätter
2 EL weißer Balsamico-
  essig
Grobes Meersalz
Pfeffer

Zubereitung

1. Das Brot vom Vortag in grobe Würfel schneiden und mit ausreichend Olivenöl beträufeln.
2. In der Pfanne die Brotwürfel goldgelb rösten.
3. Währenddessen die Tomaten in Viertel oder Achtel schneiden und zusammen mit frisch gezupften Basilikumblättern in die Schüssel geben.
4. Für das Dressing 2 EL Olivenöl, Balsamico, Salz und Pfeffer mischen und über die Tomaten geben.
5. Wenn die Brotwürfel etwas abgekühlt sind, zum Tomatensalat geben und vorsichtig vermengen.

Ihr könnt das Brot auch auf dem Grill rösten. In diesem Fall schneidet ihr das Baguette in Scheiben, beträufelt die Brotscheiben mit Olivenöl, röstet sie auf dem Grill und schneidet sie danach in grobe Würfel.

ZUBEREITUNG
Jede der Marinaden und
Dips benötigt ca. 15 Minuten

IHR BRAUCHT
jeweils 1 Schüssel

MARINADEN, DIPS UND SAUCEN

Zutaten

Zubereitung

MARINADE FÜR GEMÜSE (ITALIENISCH)

1 EL Rosmarin, gehackt
1 EL Oregano, gehackt
6 Salbeiblätter, ebenfalls
  kleingeschnitten
1 Knoblauchzehe, gehackt
6 EL Olivenöl
1 TL schwarzer Pfeffer
1 TL grobes Meersalz

Die gehackten Kräuter mit Knoblauch, Olivenöl, Salz und Pfeffer vermischen. Das Gemüse damit bestreichen oder damit übergießen. Alles zusammen mindestens 1 Stunde abgedeckt durchziehen lassen und anschließend in einer Pfanne oder auf dem Grill rösten. Wenn ihr das Gemüse grillt, die Kräuter etwas abstreifen, da diese schnell verbrennen können.

MARINADE FÜR FLEISCH (SCHARF)

½ Chili, kleingeschnitten,
  ohne Kerne
1 TL schwarzer Pfeffer
½ Bund frischer Koriander,
  gehackt
1 TL grobes Meersalz
1 TL gemahlener Kreuz-
  kümmel
1 TL Paprikapulver
1 Knoblauchzehe gehackt
½ Zwiebel, kleingeschnitten
6 EL Olivenöl

Die Gewürze mit dem Knoblauch, der Zwiebel und dem Olivenöl vermengen. Wenn ihr mit Fleisch an einem warmen Sommertag kocht und keine ausreichenden Kühlmöglichkeiten habt, bereitet die Marinade zu und lasst sie 1 Stunde durchziehen – ohne das Fleisch. Solltet ihr eine Kühlmöglichkeit in eurem Van haben, dann legt das Fleisch ein und lasst alles zusammen im Kühlschrank durchziehen. Anschließend wie gewohnt zubereiten – egal, ob Pfanne oder Grill.

Zutaten

MARIANDE FÜR FISCH

1 TL grobes Meersalz
1 TL schwarzer Pfeffer
1 Knoblauchzehe, gehackt
1 EL geriebener Ingwer
1 TL Paprikapulver
½ TL Cayennepfeffer
Saft einer ½ Zitrone
6 EL Olivenöl

TSATSIKI

250 g griechischer Joghurt oder Quark
½ Salatgurke, entkernt und kleineschnitten oder grob geraspelt
1 Knoblauchzehe, gehackt
1 EL Dill kleingeschnitten
Salz
Pfeffer

ZUCCHINI-SENF-DIP

150 g Joghurt
½ Zucchini grob geraspelt oder kleingeschnitten
½ Zwiebel, kleingeschnitten
1 Knoblauchzehe, kleingeschnitten
1 EL Olivenöl
1 EL Senf (mittelscharf)
1 EL frisch geriebener Meerrettich
Salz
Pfeffer

TOMATENSALSA

300 g Tomaten
1 Schalotte oder kleine rote Zwiebel
1 Knoblauchzehe, gehackt
½ Chilischote, entkernt und gehackt
5 Stängel Koriander
2 EL Olivenöl
1 EL Zitronensaft
Salz
Pfeffer

Zubereitung

Die Gewürze mit dem Zitronensaft und dem Olivenöl vermengen. Die Marinade passt sehr gut zu Fisch. Bitte seid bei der Verwendung von Fisch und Krustentieren immer vorsichtig und beachtet die »Kühlkette«.

Den griechischen Joghurt in eine Schüssel geben und die kleingeschnittene Gurke, die Knoblauchzehe, die Gewürze und den Dill hinzugeben. Alles gut vermengen und 1 Stunde ziehen lassen.

Den Joghurt in eine Schüssel geben und Zucchini, Zwiebel und Knoblauch unterrühren. Anschließend mit dem Senf und Meerrettich sowie den Gewürzen und dem Olivenöl glattrühren. Wer es gerne etwas schärfer mag, kann hier nach Gusto noch mehr Meerrettich hinzufügen.

Die Tomaten und die Schalotte klein schneiden und in einer Schüssel mit Knoblauch, Chili, Olivenöl und Zitronensaft vermengen. Die Korianderblätter abzupfen und hinzugeben. Mit Salz und Pfeffer würzen.

ZUTATEN
für 2 Portionen

KOCHZEIT
ca. 10–15 Minuten

IHR BRAUCHT
1 Grill oder 1 Pfanne, 1 Schüssel

TIPP: FLEISCHKONSUM
Sicherlich ist es nachhaltiger, ganz auf Fleisch zu verzichten. Wer dies dennoch nicht kann und möchte, sollte beim Fleischkauf immer auf Herkunft und Haltung der Tiere achten und versuchen, seinen Fleischkonsum zu reduzieren. Fragt am Urlaubsort nach regionalen Rinderrassen wie z.B. Charolais oder Limousin in Frankreich oder Avileña in Spanien!

TAGLIATA DI MANZO

Zutaten

250 g Rinderfilet
    (Mittelstück)
250 g Kirschtomaten
50 g Parmesan
100 g Rucola
3 EL Olivenöl
2 EL Zitronensaft
grobes Meersalz
Pfeffer

Zubereitung

1. Das Rinderfilet auf dem Grill oder in der Pfanne nach Geschmack (*rare*, *medium* oder *well done*) anbraten und anschließend abgedeckt 10 Minuten ruhen lassen.
2. Währenddessen die Kirschtomaten halbieren und den Parmesan hobeln, grob raspeln oder in feine Scheiben schneiden, falls eine Reibe nicht zur Hand ist.
3. Den Rucola in einer Schüssel oder auf einem Teller verteilen, das Rinderfilet in Scheiben schneiden und darauf platzieren.
4. Danach mit Kirschtomaten garnieren und mit Olivenöl und Zitronensaft beträufeln. Mit Salz und Pfeffer abschließend würzen.

RICHTIG

FEUER MACHEN

SCHICHT-FEUER
prima Kamineffekt

GRUBENFEUER
Wenns mal heißer werden soll

FEUER BEI WIND
Grube als Windschutz und Steine zur Begrenzung

TIPPI-FEUER
der Klassiker gelingt immer

AUF FEUCHTEM UNTERGRUND
Besser etwas Abstand halten

ZUTATEN
für 2 Portionen

GRILLZEIT
ca. 10 Minuten

IHR BRAUCHT
1 Schüssel, 1 Grill

TINTENFISCH
VOM GRILL

Zutaten

1 Knoblauchzehe
1 Stängel Rosmarin
Saft einer ½ Zitrone
3 EL Olivenöl
Salz
Pfeffer
½ kg Calamari
   (küchenfertig)

Zubereitung

1. Knoblauch und Rosmarin fein hacken.
2. Aus Knoblauch, Rosmarin, Zitronensaft und Olivenöl sowie Salz und Pfeffer eine Marinade zubereiten, die Calamari darin wenden und für eine Stunde an einem kühlen Ort abgedeckt ziehen lassen.
3. Die Calamari auf dem Grill von jeder Seite ca. 3 bis 5 Minuten (je nach Temperatur des Grills) angrillen.

ZUTATEN
für 2 Portionen

GRILLZEIT
ca. 10–15 Minuten

IHR BRAUCHT
1 Schüssel, 1 Pfanne

TIPP: FANGZEITEN

Sardinen werden zwischen Juni und November gefangen und frisch angeboten. Es gibt sie in verschiedenen Größen, und ihr könnt sie bei kleineren, regionalen Fischhändlern direkt am Hafen kaufen. Da Sardinen zumeist überfischt sind, achtet darauf, wo ihr sie kauft und woher sie kommen. Mehr Infos unter fischratgeber.wwf.de.

SARDINEN
MIT KRÄUTERN UND ZITRONE

Zutaten

2 Knoblauchzehen
½ Bund Petersilie
400 g Sardinen
  (küchenfertig)
Abrieb einer 1 Zitrone
2 EL Olivenöl
Grobes Meersalz
Pfeffer

Zubereitung

1. Die Knoblauchzehen und die Petersilie klein schneiden bzw. hacken.
2. Die Sardinen gut abwaschen und trocken tupfen. Anschließend in einer Schüssel mit der Petersilie und dem Knoblauch, dem Olivenöl, dem Abrieb der Zitrone, Salz und Pfeffer vermengen. An einem kühlen Ort abgedeckt eine halbe Stunde ziehen lassen.
3. Die Sardinen in einer Pfanne von beiden Seiten gut anbraten.
4. Die Zitrone in Spalten schneiden und zu den Sardinen reichen.

Ihr könnt die Sardinen auch grillen. Besonders die größeren Sardinen lassen sich gut auf einem Rost zubereiten. Wenn ihr kleinere Sardinen habt, nehmt euch ein Blech oder einen Plancha-Grill zu Hilfe.

ZUTATEN
für 4 Portionen

GRILLZEIT
ca. 10–15 Minuten

IHR BRAUCHT
1 Schüssel (mit Deckel),
1 Grill oder 1 Pfanne

BUNTES GEMÜSE
VOM GRILL

Zutaten

2 Zucchini
2 Auberginen
2 Paprika
4 Knoblauchzehen
frischer Rosmarin
Zitrone
viel Olivenöl
Salz, Pfeffer

Zubereitung

1. Zucchini und Auberginen in ca. 1 cm dicke Scheiben schneiden. Die beiden Paprika vierteln und entkernen.
2. Den Knoblauch in dünne Scheiben schneiden und den Rosmarin zupfen. Die Zitronenschale abreiben. Wer keine Reibe zur Verfügung hat, kann auch 1 EL vom Saft der Zitrone verwenden.
3. In eine Schüssel 1 Lage mit Gemüse legen, diese dann reichlich salzen, mit einigen Scheiben des Knoblauchs belegen, etwas Zitronenabrieb und Pfeffer darüber streuen sowie Olivenöl darüber träufeln. Das Gemüse auf diese Weise Schicht für Schicht verarbeiten.
4. Anschließend das Gemüse mindestens 1 Stunde oder über Nacht gut durchziehen lassen.
5. Vor dem Grillen Knoblauch und Rosmarin größtenteils vom Gemüse entfernen, da beides schnell verbrennt und dann unangenehm schmecken könnte.
6. Das Gemüse von beiden Seiten grillen oder braten.

Wenn nach dem Essen Gemüse übrig ist, hebt es auf für den Couscous-Salat von der nächsten Seite.

ZUTATEN
für 2 Portionen

ZUBEREITUNG
ca. 20 Minuten

IHR BRAUCHT
1 Schüssel

COUSCOUS-SALAT
MIT GRILLGEMÜSE VOM VORTAG

Zutaten

3 EL Couscous
2 EL Olivenöl
Saft von ½ Zitrone
Grillgemüse vom Vortag
 (siehe S. 62)
1 Karotte
1 Frühlingszwiebel
Salz
Pfeffer
Extra: 1 TL Ras el Hanout

Zubereitung

1. Couscous in die Schüssel geben, mit Olivenöl und Zitronensaft vermengen und anschließend mit heißem Wasser (muss nicht kochend sein) übergießen, so dass der Couscous knapp mit Wasser bedeckt ist. Am besten einen Teller oder Deckel darüberlegen und den Couscous ziehen lassen, bis er gequollen ist.
2. Währenddessen Grillgemüse, Karotte und Frühlingszwiebel klein schneiden und nach dem Quellen des Couscous hinzugeben.
3. Mit Salz und Pfeffer abschmecken.

Besonders würzig und orientalisch schmeckt der Couscous mit dem Gewürz Ras el Hanout. Dieses gibt es in Frankreich in jedem Supermarkt.

ZUTATEN
für 2 Portionen
GRILLZEIT
ca. 5–10 Minuten

IHR BRAUCHT
1 Pfanne oder 1 Grill,
1 Schüssel

GEGRILLTER
RADICCHIO

Zutaten

1 Radicchio
2 EL Olivenöl (1+1)
1 Knoblauchzehe
1 EL Honig
1 EL Rosmarin
Saft einer ½ Zitrone
Salz, Pfeffer

Zubereitung

1. Die Blätter des Radicchios vom Salatkopf lösen und mit etwas Olivenöl beträufeln.
2. Auf dem Grill oder in der Pfanne kurz von jeder Seite ca. 1 Minute anrösten. Sie sollten gebräunt sein, aber noch bissfest.
3. Die Knoblauchzehe fein hacken und in einer Schüssel mit Olivenöl, Honig, Rosmarin, Salz, Pfeffer und Zitronensaft zu einer Vinaigrette vermischen.
4. Die Blätter noch warm in die Schüssel geben. Vielleicht müssen diese noch einmal geteilt werden, wenn sie zu groß sind.

Besonders gut passt dazu im Frühjahr etwas Fruchtiges wie Himbeeren und im Herbst eine Portion gehackte Walnüsse.

ZUTATEN
für 2 Portionen

GRILLZEIT
ca. 5–10 Minuten

IHR BRAUCHT
1 Schüssel, Grill mit Abde-
ckung, z.B. ein Kugelgrill,
1 Auflage für den Grill aus
Metall oder Stein

TIPP: GRILLKOHLE
Auch bei der Grillkohle könnt ihr auf Nachhaltigkeit
achten. Prüft beim Kauf, woher das Holz für die Grillkohle
stammt. Leider steht nicht auf jeder Verpackung Holzart
und Herkunftsland. Fehlende Angaben sind oft ein
Anzeichen dafür, dass die Grillkohle aus Regenwald-Holz
produziert wurde – statt aus Resthölzern der Industrie.
Es gibt auch »Kohle« aus Olivenkernen oder
Maisspindeln, mit der man gut grillen kann.

GEMÜSE-PIZZA
VOM GRILL

Zutaten

400 g Mehl
1 TL Trockenhefe
1 TL Salz
3 EL Olivenöl (1+2)
200 ml warmes Wasser
2 EL Tomatenmark
1 TL getrockneter Oregano
1 Zucchini
1 Paprika
100 g getrocknete Tomaten
1–2 Mozzarella
Salz, Pfeffer

Zubereitung

1. Mehl, Trockenhefe und 1 TL Salz vermengen
   sowie 1 EL Olivenöl und warmes Wasser hinzugeben. Zu einem glatten Teig kneten und
   mindestens eine halbe Stunde an einem
   warmen Ort gehen lassen.
2. Tomatenmark, 2 EL Olivenöl und den getrockneten Oregano verrühren.
3. Das Gemüse und den Mozzarella in Streifen
   bzw. Stücke schneiden.
4. Den Hefeteig in 2 Teile portionieren, noch-
   mals kurz durchkneten und jeweils zu
   einem flachen Teigboden verarbeiten – dies
   am besten nur mit den Händen und nicht
   ausrollen.
5. Die Pizzaböden mit der Tomatenmark-Sau-
   ce bestreichen, Gemüsestreifen und Mozzarella sowie die getrockneten Tomatenstücke darauf verteilen.
6. Mit Salz und Pfeffer würzen.
7. Grill mit Auflage aus Stein oder Metall auf
   dem Rost gut vorheizen. Für eine perfekte
   Pizza muss der Grill sehr heiß sein. Direkt
   unter der Auflage sollte sich keine Grillkohle befinden.
8. Im abgedeckten Grill ca. 5 bis 10 Minuten –
   je nachdem wie heiß der Grill ist – backen.

WO IST WILDCAMPEN ERLAUBT

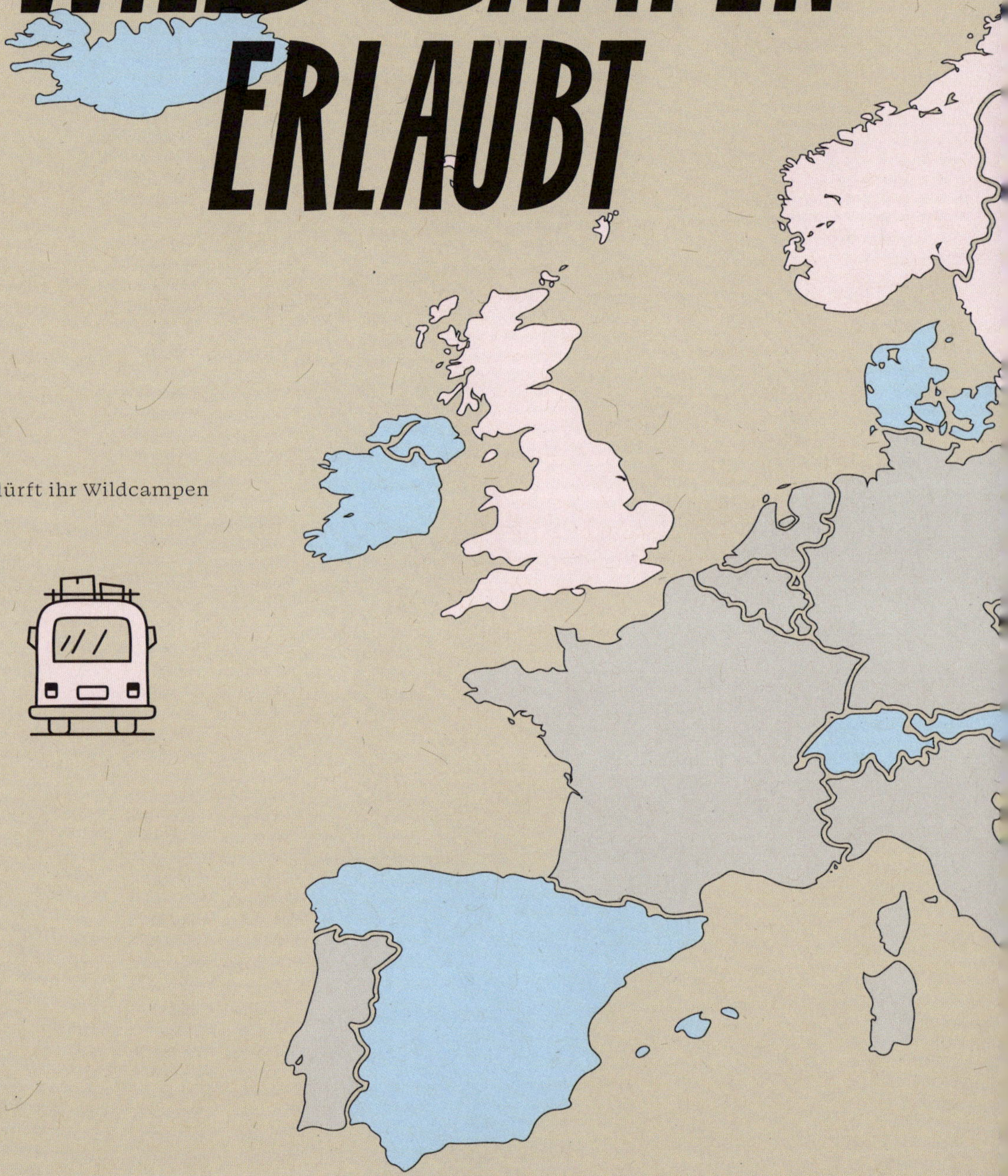

HIER dürft ihr Wildcampen

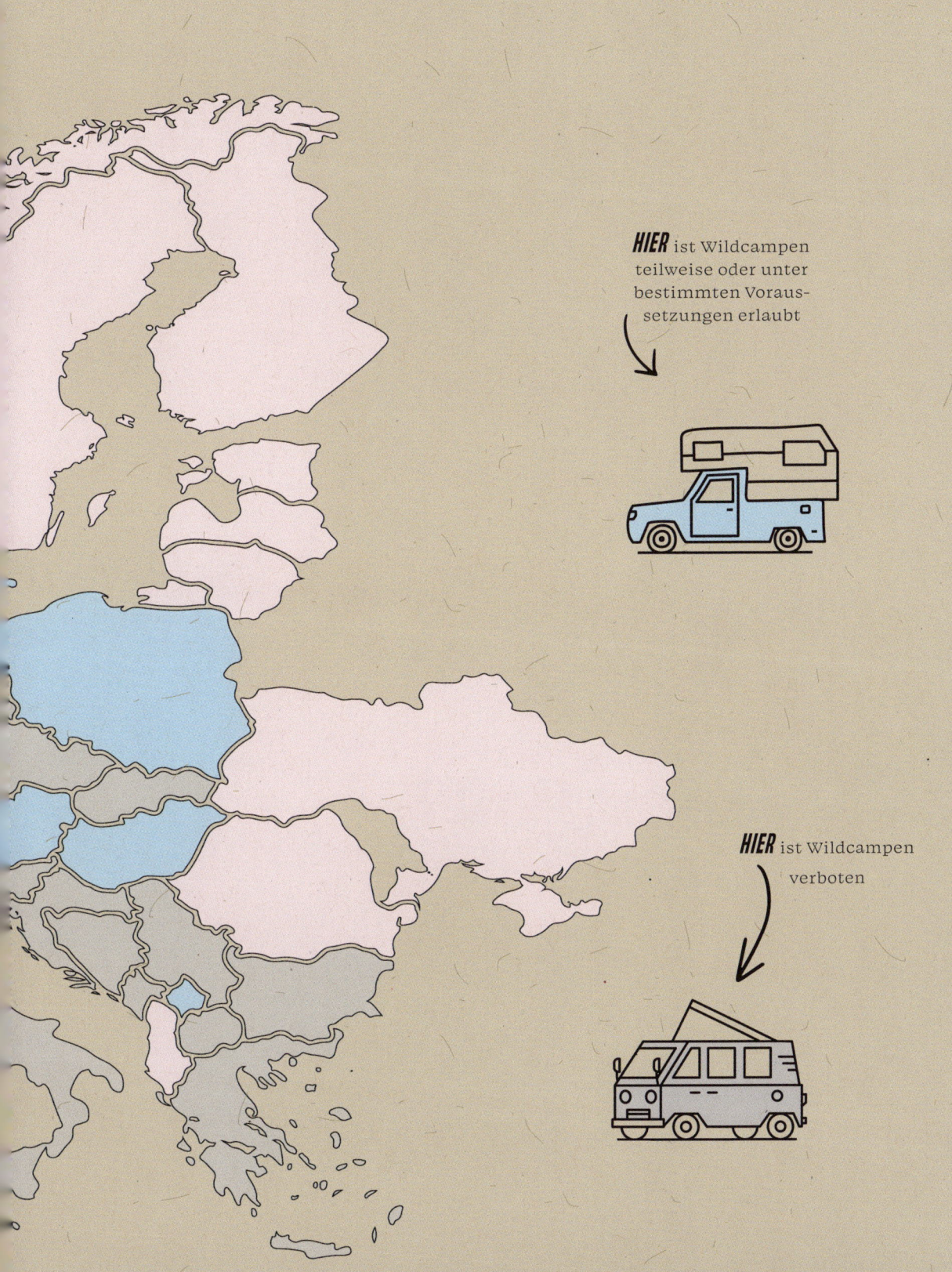

HIER ist Wildcampen teilweise oder unter bestimmten Voraussetzungen erlaubt

HIER ist Wildcampen verboten

FÜR UNTERWEGS

TAPAS – WENNS SCHNELL GEHEN MUSS

ZUTATEN
für 4 Portionen (8 Stück)

KOCHZEIT
ca. 20–25 Minuten

IHR BRAUCHT
1 Schüssel, 1 Pfanne

WRAPS Á LA FRANÇAISE

Zutaten

200 g Mehl
1 TL Backpulver
1 EL Olivenöl
1 TL Salz
100 ml Wasser

1 Paprika
Weintrauben
200 g Ziegenkäse
   (Rolle)
Walnüsse
4 EL Dijonnaise
   (oder Senf)
1 Bund Rucola

Zubereitung

1. Für den Wrap-Teig Mehl, Backpulver, Öl, Salz und Wasser in einer Schüssel vermengen und dann mit den Händen einen glatten Teig kneten. Anschließend den Teig 15 Minuten ruhen lassen.
2. Den Teig in 8 Teile teilen, rund ausrollen und in einer Pfanne ausbacken.
3. Damit die Teigfladen weich bleiben, zwischen leicht feuchte Küchen- oder Geschirrhandtücher legen.
4. Paprika, Weintrauben sowie Ziegenkäse in Streifen oder Stücke schneiden. Die Walnüsse vierteln.
5. Die Wraps mit Dijonnaise bestreichen. Rucola, Paprika, Weintrauben, Käse und Walnüsse darauf verteilen und anschließend zu handlichen Wraps rollen.

Die ausgebackenen Wrap-Fladen lassen sich auch gut in einer verschließbaren Box für den Folgetag aufbewahren. Wenn ihr unterwegs seid, geht's noch schneller mit fertig gebackenen Wrap-Fladen aus dem Supermarkt.

TIPP: UNTERWEGS SEIN
Auf langen Fahrten legen wir uns
die Brote in Wachstücher gewickelt
aufs Armaturenbrett. So fällt beim
Abbeißen nichts raus.

ZWEIERLEI
BELEGTE BROTE

Zutaten

4 Radieschen
1 Karotte
¼ Gurke
4 Scheiben Brot
50 g Frischkäse
1 EL Senf oder
    Dijonnaise
Rucola
Grillgemüse
    (vom Vortag, s. S. 62)
Salz, Pfeffer

Zubereitung

1. Radieschen, Karotte und Gurke in feine Streifen schneiden.
2. Die Brote mit Frischkäse und etwas Dijonnaise oder Senf bestreichen. Mit etwas Salz und Pfeffer würzen.
3. Auf das erste Brot kommen die fein geschnittenen Karotten-, Gurken- und Radieschenstreifen. Eine zweite Scheibe Brot darauflegen und das zugedeckte Brot halbieren.
4. Auf das zweite Brot Grillgemüse vom Vortag sowie den Rucola verteilen, ebenfalls mit einer zweiten Scheibe Brot zudecken und halbieren.

ZUTATEN
für ca. 30 Stück

ZUBEREITUNG
ca. 20 Minuten

IHR BRAUCHT
1 Schüssel

ENERGY BALLS

Zutaten

150 g Datteln
50 g gehackte Mandeln
70 g Haferflocken
30 g gehackte Pistazien
30 g Kakaonibs
30 g Kürbiskerne
30 g Sonnenblumenkerne
30 g gehackte Haselnüsse
2 EL Leinsamen
40 g Ahornsirup
30 g Mandelmus (oder
    anderes Nussmus)
Sesam oder Kakaopulver

Zubereitung

1. Die Datteln entsteinen und sehr klein und fein hacken.
2. Die Datteln mit den restlichen Zutaten in eine Schüssel geben und gut vermengen. Hierfür gegebenenfalls die Hände zu Hilfe nehmen, so dass eine glatte Masse entsteht.
3. Anschließend kleine Kugeln formen (ca. 1 gehäufter Teelöffel pro Stück) und diese in Kakaopulver oder Sesam wenden.

Nüsse und Kerne können hier nach Wahl und Verfügbarkeit auch getauscht und ergänzt werden. Ihr habt die freie Wahl, was euch schmeckt oder wo ihr eventuell wegen Allergien verzichten müsst.
Die Energy Balls können ganz einfach vor Fahrtantritt zubereitet werden und sind – trocken, kühl und dunkel gelagert – mindestens 2 bis 3 Wochen haltbar.

ZUTATEN
für 4 Portionen

KOCHZEIT
ca. 20 Minuten

IHR BRAUCHT
1 Schüssel, 1 Pfanne

GEMÜSE-FRITTATA
MIT TOMATEN UND BASILIKUM

Zutaten

1 Frühlingszwiebel
1 Knoblauchzehe
1 Paprika
2 gekochte Kartoffeln
   (am besten geschälte
   Pellkartoffeln vom
   Vortag)
4 mittelgroße Tomaten
5 Stängel Basilikum
6 Eier
50 g geriebener Parmesan
Salz, Pfeffer
2 EL Olivenöl

Zubereitung

1. Frühlingszwiebel und Knoblauch klein schneiden und in der Pfanne mit Olivenöl andünsten.
2. Paprika, Kartoffeln und Tomaten in Stücke oder Scheiben schneiden.
3. Die Basilikumblätter zupfen.
4. In einer Schüssel die Eier mit Salz, Pfeffer und dem geriebenen Parmesan verquirlen. In die Eimasse das Gemüse sowie das Basilikum geben und alles zu einer Frittata-Masse vermengen.
5. Die Frittata-Masse zu der Frühlingszwiebel und dem Knoblauch in die Pfanne geben und – wenn möglich abgedeckt – bei kleiner Flamme stocken lassen.

Frittata eignet sich perfekt für unterwegs, denn sie schmeckt auch gut kalt zu Baguette oder italienischem Weißbrot.

ZUTATEN
für 2 Portionen

KOCHZEIT
ca. 15–20 Minuten

IHR BRAUCHT
2 Schüsseln, 1 Pfanne

ZUCCHINI-KARTOFFEL-TALER
MIT SAUERRAHM

Zutaten

1 Zucchini
2 gekochte Kartoffeln
    (am besten geschälte
    Pellkartoffeln)
1 Ei
1 EL Mehl
150 g Sauerrahm
1 Bund Dill
Olivenöl
Salz, Pfeffer

Zubereitung

1. Die Zucchini in eine Schüssel reiben und großzügig mit Salz bestreuen, kurz durchmengen und für ca. 10 bis 15 Minuten beiseitestellen, um den Zucchiniraspeln das Wasser zu entziehen. Danach die Raspeln auspressen und zurück in die Schüssel geben.
2. Die Kartoffel nun ebenfalls reiben, mit Ei und Mehl zu den Zucchiniraspeln geben und alles miteinander vermengen. Mit Salz und Pfeffer würzen. Wer Muskat dabei hat, kann auch noch ein wenig Muskat hinzugeben.
3. Etwas Olivenöl in einer Pfanne erhitzen. In die Pfanne gleichzeitig 3 bis 4 kleine Zucchini-Häufchen geben und mit einem Löffel oder einer Gabel flach drücken.
4. Die Puffer von jeder Seite ca. 5 Minuten goldgelb ausbacken.
5. Für den Dip Sauerrahm mit Olivenöl, Salz und Pfeffer vermengen. Den Dill fein hacken und hinzugeben.

Die Zucchinipuffer können unterwegs kalt als Proviant verzehrt werden. Besonders erfrischend sind sie im Sommer auch mit einer Tomatensalsa.

ZUTATEN
für 4 Portionen

KOCHZEIT
30–35 Minuten

IHR BRAUCHT
1 Pfanne, 1 Schüssel

TIPP: EINMAL KOCHEN =
MEHRMALS ESSEN

Weil die gekochten Kartoffeln mit Schale
auch ohne Kühlschrank gut haltbar sind,
kochen wir Pellkartoffeln immer auf
Vorrat, dass spart Energie und Zeit.

HEIMWEH-FRIKADELLEN

MIT MEDITERRANEM SÜSSKARTOFFELSALAT

Zutaten

1 Stück Baguette oder
   Brot vom Vortag
1 Schalotte
200 g Hackfleisch
   (Rind oder gemischt)
1 Ei
½ TL Kümmel
½ TL Paprikapulver
Salz, Pfeffer
300 g Süßkartoffeln
100 g Oliven
2 EL Olivenöl
2 EL Weißweinessig
   oder weißer Balsamico
1 TL Senf
3 Stängel frischer Oregano
   oder Basilikum

Zubereitung

1. Das Baguettestück vom Vortag in etwas
   Wasser einweichen.
2. Die Schalotte klein schneiden und mit dem
   Hackfleisch zusammen in eine Schüssel
   geben.
3. Das Baguette ausdrücken und über das
   Hackfleisch bröseln. Ei, Kümmel, Paprika,
   Salz und Pfeffer hinzufügen.
4. Das Ganze gut durchmengen und kleine
   Frikadellen formen. In der Pfanne mit etwas Olivenöl braten oder auf dem Grill zubereiten.
5. Für den Kartoffelsalat die Süßkartoffeln
   mit Schale bissfest kochen.
6. Für die Vinaigrette Essig, Olivenöl und Senf
   sowie Salz und Pfeffer vermischen.
7. Die Kartoffeln (evtl. mit Schale) noch lauwarm in mundgerechte Stücke schneiden.
   Die Oliven hinzugeben und mit der Vinaigrette übergießen. Zum Schluss frische Ore-
   gano- oder Basilikumblätter hinzugeben.

Ihr könnt die Frikadellen auch statt in der Pfanne auf dem
Grill zubereiten. Unser Tipp: Wenn ihr mit Holzkohle grillt,
braucht der Grill ca. 30–40 Minuten zum Vorheizen. Nutzt
diese Zeit und die entstehende Wärme, indem ihr die die
Kartoffeln im Topf auf den Grill beim Vorheizen kocht.

ZUTATEN
für 2 Portionen (4 Stück)

GRILLZEIT
ca. 10–15 Minuten

IHR BRAUCHT
1 Schüssel, 1 Grill oder 1 Lagerfeuer,
2 oder 4 Stöcke

STOCKBROT
MIT KRÄUTERN

Zutaten

1 TL Trockenhefe
150 ml warmes Wasser
300 g Mehl
½ TL Salz
2 EL Olivenöl
1 TL gehackter Rosmarin
1 TL Thymian (getrocknet
oder frisch)

Zubereitung

1. Die Hefe mit dem lauwarmen Wasser vermengen und 5 Minuten ruhen lassen. Mehl, Salz und Olivenöl hinzugeben und zu einem glatten Teig verarbeiten. Wenn der Teig zu feucht ist, noch etwas Mehl hinzugeben.
2. Den Teig ca. 1 Stunde an einem warmen Ort ruhen lassen.
3. Den Teig nach dem Ruhen noch einmal durchkneten und in 4 gleich große Stücke teilen.
4. Die Stücke zu ca. 30 cm lange Strängen formen und spiralförmig um die Stöcke wickeln.
5. Das Stockbrot über dem Feuer goldbraun grillen. Es benötigt ca. 10–15 Minuten über dem Grill oder Lagerfeuer.

Der Grundteig des Stockbrots ist sehr einfach. Probiert es auch mal mit unterschiedlichen Mehlen und Zutaten wie Kernen und Saaten aus.
Das Grundproblem bei Stockbrot: außen schwarz, innen roh. Erfahrene Stockbrotbäcker wickeln daher den Teig nicht zu dick um die Stöcke und halten das Brot mit etwas Abstand und viel Geduld über die Glut und nicht in die Flamme!

ZUTATEN
für 2 Portionen

KOCHZEIT
ca. 20–25 Minuten

IHR BRAUCHT
1 Topf, 1 Schüssel

LINSENSALAT

Zutaten

80 g grüne Linsen

2 Stangen Mangold

Saft einer ½ Zitrone

2–3 EL Olivenöl

1 EL Weißweinessig
  oder weißer
  Balsamicoessig

½ TL Kreuzkümmel

1 EL Kapern

2 kleine Karotten

½ Zwiebel oder
  1 Frühlingszwiebel

½ Bund Koriander

Salz

Pfeffer

100 g Feta

Zubereitung

1. Die grünen Linsen nach Packungsanleitung kochen (einweichen kann man, muss man aber nicht).

2. In der Zwischenzeit den Mangold klein schneiden und ca. 5 Minuten vor Ende der Kochzeit zu den Linsen in den Topf geben und mitkochen.

3. Dressing in einer Schüssel zubereiten. Hierfür Olivenöl, Essig, Salz, Pfeffer, Zitronensaft, Kreuzkümmel und Kapern vermengen.

4. Karotten, Zwiebel und Koriander klein schneiden und zum Dressing geben.

5. Linsen und Mangold abgießen und noch warm zum Rest dazugeben. Anschließend den Feta kleingeschnitten darübergeben.

Der Salat passt gut zum Grillen oder zum Picknick. Statt Mangold passt auch wunderbar Staudensellerie. Dieser muss auch nicht gekocht werden, sondern kann roh in den Salat kommen.

ZUTATEN
für 2 Portionen

ZUBEREITUNG
ca. 10 Minuten

IHR BRAUCHT
1 Schüssel

ROTE-BETE-SALAT
MIT FETA UND KORIANDER

Zutaten

2 gekochte Rote Bete
½ Gurke
3 EL Olivenöl
2 EL Weißweinessig oder
   weißer Balsamico
½ Bund Koriander
100 g Feta
Salz, Pfeffer

Zubereitung

1. Die Rote Bete und die Gurke würfeln.
2. Olivenöl, Weißweinessig, Salz und Pfeffer in einer Schüssel zu einer Vinaigrette verrühren und die Rote Bete sowie die Gurke hinzufügen.
3. Den Koriander zupfen.
4. Den Feta in grobe Stücke brechen und zusammen mit dem Koriander über den Salat verteilen.

WÄRMENDES

FÜR KALTE TAGE

ZUTATEN
für 2 Portionen

KOCHZEIT
ca. 15–25 Minuten

IHR BRAUCHT
1 Pfanne oder 1 Topf

MANGOLD-RISOTTO

Zutaten

300 g Mangold
½ Zwiebel
2 EL Olivenöl
100 g Risottoreis
250 ml Gemüsebrühe
30 g Butter
50 g Parmesan, gerieben
Salz, Pfeffer

Zubereitung

1. Die Blätter und Stiele des Mangolds trennen. Die Stiele in kleine, die Blätter in grobe Stücke schneiden. Die Zwiebel fein würfeln.
2. 500 ml Gemüsebrühe erhitzen.
3. In Olivenöl die geschnittenen Mangoldstiele sowie die Zwiebel anschwitzen. Den Reis hinzugeben und alles leicht anrösten. Mit der Hälfte der Gemüsebrühe übergießen und immer wieder rühren. Nach und nach die restliche Brühe hinzufügen und umrühren.
4. Wenn der Reis bissfest ist, die Mangoldblätter, Butter und Parmesan hinzugeben und weiterrühren, so dass eine cremige Konsistenz entsteht. Weitere 2 Minuten zugedeckt köcheln und dann noch einmal 5 Minuten ruhen lassen. Zum Schluss noch einmal umrühren. Mit Salz und Pfeffer abschmecken.

Anstatt für Mangold eignet sich dieses Risotto-Rezept auch wunderbar für wilden Spargel oder Queller (Meeresspargel).

ZUTATEN
für 2 Portionen

KOCHZEIT
ca. 15–20 Minuten

IHR BRAUCHT
1 Pfanne

GRÜNES SHAKSHUKA
MIT FENCHEL UND MANGOLD

Zutaten

½ Fenchelknolle
½ Zucchini
4 Stangen Mangold
1 Frühlingszwiebel
   oder ½ Zwiebel
2 EL Olivenöl
Thymian
Petersilie
2 Eier
Salz
Pfeffer

Zubereitung

1. Fenchel, Zucchini, Mangold und Zwiebel klein schneiden und alles zusammen in der Pfanne mit Olivenöl andünsten.
2. Mit Salz, Pfeffer und Thymian würzen.
3. Im Gemüsebett 2 Mulden für die Eier formen. Die Eier roh in die Mulden hinein aufschlagen
4. Nach Möglichkeit mit einem Deckel oder einem Teller abdecken und bei kleiner Flamme 5 Minuten ziehen lassen, bis das Eiweiß gestockt ist.

Statt Mangold könnt ihr auch 500 g Spinat verwenden. Am besten einfach nur mit etwas Baguette genießen.

ZUTATEN
für 4 Portionen

KOCHZEIT
ca. 15–20 Minuten

IHR BRAUCHT
1 Topf

TIPP: FAUSTREGEL FÜR ONE POT PASTA
Für eigene One-Pot-Kreationen gibt es eine kleine Faustregel: Pasta und Wasser im Verhältnis 1:3, das heißt: 300 ml Wasser auf 100 g Pasta. So klappt es (fast) immer.

ONE POT PASTA
MIT ZIEGENKÄSE, OLIVEN UND TOMATEN

Zutaten

300 g Pasta (ohne Ei, aus Hartweizengries)
900 ml Wasser
200 g Tomaten
150 g Ziegenfrischkäse
120 g Oliven
Blätter von 4 Stängel Basilikum
1 gehackte Knoblauchzehe
4 EL Olivenöl
1 EL Tomatenmark
1 TL Thymian
1 TL gehackter Rosmarin
Salz, Pfeffer
Parmesan nach Belieben

Zubereitung

1. Alle Zutaten in einen Topf geben.
2. Zum Kochen bringen und dann je nach Hitze ca. 15 Minuten köcheln und regelmäßig umrühren.
3. Wenn die Kochflüssigkeit noch ca. 2 cm hoch im Topf steht, den Topf vom Kocher oder Feuer nehmen und noch ca. 5 Minuten bei geschlossenem Deckel ziehen lassen.
4. Parmesan nach Belieben darüberstreuen oder unterheben.

ZUTATEN
für 4 Portionen

KOCHZEIT
ca. 15–20 Minuten

IHR BRAUCHT
1 Topf

ONE POT PASTA
MIT SPINAT UND GORGONZOLA

Zutaten

300 g Pasta (ohne Ei,
  aus Hartweizengries)
800 ml Wasser
100 ml Sahne oder
Pflanzencreme
300 g Spinat
100 g Gorgonzola
1 gehackte Knoblauchzehe
Salz, Pfeffer

Zubereitung

1. Alle Zutaten in einen Topf geben.
2. Zum Kochen bringen und dann je nach Hitze ca. 15 Minuten köcheln und regelmäßig umrühren.
3. Wenn die Kochflüssigkeit noch ca. 2 cm hoch im Topf steht, den Topf vom Kocher oder Feuer nehmen und noch ca. 5 Minuten bei geschlossenem Deckel ziehen lassen.

ZUTATEN
für 4 Portionen

KOCHZEIT
ca. 40–45 Minuten

IHR BRAUCHT
1 Topf

TIPP: VEGANE VARIANTE

Dieses Gulasch lässt sich auch sehr gut mit Sojaschnetzeln zubereiten. Diese nach Packungsangaben einweichen oder vorbereiten, ebenfalls scharf anbraten und wie oben angegeben zubereiten. Die Kochzeit unter Punkt 4 verkürzt sich in dem Fall auf 15 Minuten.

GULASCH
VOM RIND MIT GEMÜSE

Zutaten

300 g Fleisch (am besten Schulter oder Ober- und Unterschale vom Rind)
1 Paprika
2 Karotte
150 g Champignons
1 Zwiebel
2 EL Olivenöl
½ TL Kümmel
2 Lorbeerblätter
1 TL Paprikapulver
400 ml Wasser
Salz, Pfeffer

Zubereitung

1. Das Rindfleisch in Stücke schneiden. Ebenso das Gemüse – Paprika, Karotten und die Champignons – in mundgerechte, grobe Stücke schneiden.
2. Die Zwiebel fein hacken.
3. Das Rindfleisch in Olivenöl in einem Topf scharf anbraten. Die gehackte Zwiebel hinzufügen und kurz mit anbraten. Anschließend die Gewürze, Lorbeer und Gemüse hinzugeben, umrühren, alles kurz andünsten und schließlich mit dem Wasser übergießen.
4. Den Topf mit einem Deckel oder Teller abdecken und ca. 20-30 Minuten (je nach Hitze) köcheln lassen.

Dazu passt perfekt Baguette oder Bauerbrot. Aufgewärmt schmeckt es nochmal so gut.

ZUTATEN
für 4 Portionen

KOCHZEIT
ca. 30 Minuten

IHR BRAUCHT
2 Töpfe

MINESTRONE
ITALIENISCHE GEMÜSESUPPE

Zutaten

1 Knoblauchzehe
1 Zwiebel
1 Stange Staudensellerie
1 Karotte
1 Kartoffel
1 Zucchini
5 Stängel Basilikum
50 g Parmesan
200 g Tomaten oder
   1 Dose Tomatenstücke
150 g Pasta
700 ml Gemüsebrühe
2 EL Olivenöl
1 EL Tomatenmark
1 Dose weiße Bohnen
   (ca. 250 g)
30 g Butter
1 TL getrockneter Oregano
Salz, Pfeffer

Zubereitung

1. Knoblauch und Zwiebel fein hacken. Staudensellerie, Karotte und Kartoffel sowie die Zucchini würfeln. Die Basilikumblätter zupfen und den Parmesan reiben. Die Tomaten in Stücke schneiden.
2. Pasta wie auf der Packung angegeben zubereiten und abgießen.
3. 700 ml Gemüsebrühe erhitzen.
4. Knoblauch und Zwiebeln in Olivenöl anschwitzen und das Gemüse hinzugeben. Das Tomatenmark hinzugeben, kurz anrösten und mit der Gemüsebrühe ablöschen. Das Gemüse hinzugeben und in der Brühe ca. 5–7 Minuten bissfest kochen.
5. Bohnen, Tomaten und Basilikum hinzugeben und bei niedriger Temperatur weitere 3 bis 4 Minuten köcheln lassen. Den Topf vom Feuer oder Kocher nehmen, die Pasta hinzugeben und abgedeckt ca. 3 Minuten ruhen lassen.
6. Zum Schluss mit Parmesan bestreuen.

ZUTATEN
für 4 Portionen

GRILLZEIT
ca. 10–15 Minuten

IHR BRAUCHT
1 Schüssel, 1 Pfanne oder 1
Grill mit 1 Auflage für den
Grill aus Metall oder Stein

BROTZEIT

PFANNENBROT MIT KÜMMEL

Zutaten

200 g Mehl
100 ml Wasser
3 EL Olivenöl
½ TL Salz
1 TL Kümmelsamen (ganz)

Dazu gibt es bei uns z.B.:
Bergkäse
Tiroler Schinkenspeck
Gewürzgürkchen
Paprika und Tomaten
Kräuterquark vom Vortag

Zubereitung

1. Mehl, Wasser, Olivenöl sowie Salz und Kümmel in eine Schüssel geben und gut durchkneten.
2. Den Teig etwa eine Viertelstunde ruhen lassen und anschließend nochmal gut durchkneten.
3. Den Teig in vier gleich große Teile teilen und jeweils zu Fladen formen.
4. Die Fladen in eine Pfanne oder auf den Grill auf eine Auflage geben und ausbacken. Der Fladen sollte von beiden Seiten goldgelb gebacken sein.

Wir backen 4 Fladen, damit wir auch am nächsten Tag noch etwas davon haben. Dieses Kümmelbrot passt sehr gut zu einer klassischen »Brotzeit« in den Bergen. Es eignet sich aber auch, um Übriggebliebenes wie Dips oder gegrilltes Gemüse vom Vortag zu ergänzen.

ZUTATEN
für 4 Portionen

KOCHZEIT
ca. 25 Minuten

IHR BRAUCHT
1 Topf

VEGANES
ROTE-LINSEN-CURRY

Zutaten

1 Paprika
1 Karotte
1 Zwiebel
1 Knoblauchzehe
½–1 Chilischote
3 cm Ingwer
2 EL Olivenöl
1 EL rote Currypaste
1 EL Tomatenmark
150 g rote Linsen
Salz, Pfeffer
500 ml Wasser oder
  Gemüsebrühe

Zubereitung

1. Paprika, Karotte und Zwiebel in kleine Stücke schneiden. Die Knoblauchzehe, den Ingwer und die Chilischote fein hacken.
2. Zwiebeln, Ingwer und Knoblauch in Olivenöl anschwitzen. Danach die Chilischote sowie Currypaste und Tomatenmark hinzugeben und leicht anrösten.
3. Die Linsen und das restliche Gemüse hinzugeben und mit der Gemüsebrühe übergießen. Alles ca. 15 bis 20 Minuten köcheln lassen, bis die Linsen weich sind.
4. Zum Schluss mit Salz und Pfeffer abschmecken.

ZUTATEN
für 2 Portionen
KOCHZEIT
ca. 10–15 Minuten
IHR BRAUCHT
1 Pfanne

TIPP: LOW WASTE
Oft bleiben bei Rezepten halbe Paprika und Zwiebeln,
2 Karotten oder 5 Champignons übrig, und man weiß
nicht, was man daraus noch »zaubern« kann.
Wir finden, es kommt hierbei vor allem auf die richtige
Würze an, um aus dem Allerlei von Gemüse noch etwas
Leckeres zu kochen.

DIE ULTIMATIVE
GEMÜSERESTE-PFANNE

Zutaten

Allerlei an Gemüseresten
(z.B. Paprika, Karotte,
Champignons, Tomaten,
Staudensellerie, Zucchini,
Aubergine u.v.m.)
1 Knoblauchzehe
Petersilie, Rosmarin
2 EL Olivenöl
2 Lorbeerblätter
½ TL Paprikapulver
1 EL Tomatenmark
200 ml Gemüsebrühe
Salz, Pfeffer

Zubereitung

1. Das Gemüse in mundgerechte Stücke
   schneiden.
2. Den Knoblauch sowie Petersilie und
   Rosmarin fein hacken.
3. Olivenöl in die Pfanne geben und den
   Knoblauch anschwitzen. Anschließend
   das Gemüse und die Lorbeerblätter hinzugeben und anrösten.
4. Mit Paprika, Tomatenmark, Salz und Pfeffer
   würzen und mit Gemüsebrühe ablöschen.
5. Die Petersilie und den Rosmarin hinzufügen
   und alles ca. 5–10 Minuten bei kleiner
   Flamme köcheln lassen.

Wenn ihr noch Pasta oder Pellkartoffeln vom Vortag übrig
habt, dann könnt ihr diese ebenfalls hinzugeben: hierfür
zum Schluss die Pasta oder die geschälten und gewürfelten
Pellkartoffeln hinzugeben und alles zusammen abgedeckt
3 Minuten ziehen lassen (muss nicht mehr kochen).

Wer noch Reste von Schmand oder Ziegenfrischkäse in
seinem Vorrat hat, kann diese als Topping obendrauf geben.

BLUMENKOHL-CURRY
MIT MINZ-ZIEGENJOGHURT

Zutaten

1 kleiner Blumenkohl
3 Karotten
1 kleine Zucchini
1 Zwiebel
3 mittelgroße Kartoffeln
1 EL Ghee, alternativ 3 EL Öl
2 EL gelbe Currypaste
1 TL Ingwer gerieben
200 ml Kokosmilch
3 EL rote Linsen
200 ml Wasser
Salz und Pfeffer

ZIEGEN-MINZ-JOGHURT

200 g Ziegenjoghurt
1 Bund Minze
2 EL Olivenöl
Salz und Pfeffer

Statt Currypaste können auch folgende Gewürze verwendet werden
1 fein gehackte Knoblauchzehe
1 TL Garam Masala
½ TL Kurkuma
2 Lorbeerblätter
½ TL Kreuzkümmel
1 TL Senfsaat
1 Nelke
½ fein gehackte Chilischote

Zubereitung

1. Blumenkohl, Karotten, Zucchini und Zwiebeln waschen und in kleine Stücke schneiden.
2. Kartoffeln schälen und ebenfalls klein schneiden.
3. Im Topf Ghee erhitzen und Zwiebeln darin andünsten. Die Gewürze bzw. die Currypaste sowie den Ingwer hinzufügen und zusammen 2 Minuten erhitzen. Mit der Kokosmilch ablöschen. Wasser hinzugeben. Gut umrühren, bis alle Zutaten sich gut vermengt haben.
4. Das Gemüse hinzufügen, umrühren und bei geschlossenem Deckel ca. 30 Minuten köcheln lassen. Zwischendurch immer wieder umrühren.
5. Für den Minzjoghurt die Minze fein hacken und anschließend zusammen mit Olivenöl, Salz und Pfeffer in den Ziegenjoghurt geben. Umrühren.
6. Das Curry mit dem Minz-Joghurt als Topping servieren.

Klassischerweise wird zum Curry Reis gegessen. Da wir aber im Van besonders bei schlechtem Wetter Energie sparen müssen, verzichten wir auf aufwendig gekochten Reis und essen zum Curry einfach nur Naan, Brot oder Baguette.

ZUTATEN
für 2 Portionen

ZUBEREITUNG
ca. 20–25 Minuten

IHR BRAUCHT
1 Topf

EINTOPF
MIT KARTOFFELN, KAROTTEN UND BOHNEN

Zutaten

500 g Kartoffeln
1 Karotte
200 g grüne Bohnen
2 EL Olivenöl
750 ml Gemüsebrühe
Petersilie
Salz, Pfeffer
Wer es würziger mag:
  1 Salsiccia oder
  Südtiroler Bauernwurst

Zubereitung

1. Die Kartoffeln und die Karotte schälen und würfeln. Die Bohnen in 2–3 cm lange Stücke schneiden.

2. Das Olivenöl in einen Topf geben. Im heißen Olivenöl die Salsiccia kurz anrösten, anschließend das Gemüse hinzugeben und mit der Gemüsebrühe aufgießen. 15 Minuten köcheln lassen.

3. Mit Salz und Pfeffer abschmecken. Die Petersilie zupfen oder fein hacken und vor dem Servieren hinzufügen.

»GRÜNE«
KÖRPERPFLEGE
UND WASCHEN AUF REISEN

Zu einer entspannten Reise gehört für uns auch, dass man sich nicht jeden Tag mit mehreren Schichten Make-up und Haarspray aufbrezelt. Ein paar **Basics** genügen uns, um uns im Urlaub wohlzufühlen, festes Shampoo und feste Duschseife, Deocreme usw. Mit dem Niveau kommen auch die Kläranlagen an den Campingplätzen gut zurecht.

Was Kläranlagen jedoch nicht herausfiltern, sind unter anderem die chemischen UV-Filter in **Sonnencremes**. Diese gelangen zusätzlich noch beim Baden ins Wasser und schädigen Tiere und Pflanzen im Meer. Daher lieber auf mineralische Filter umsteigen (auch wenn die ein wenig weiß färben) bzw. lockere, dünne Kleidung als Sonnenschutz bevorzugen.

Bei **Mückensprays** sieht es ähnlich aus wie bei Sonnencremes: Am komfortabelsten sind die chemischen Mittel, die haben aber Nebenwirkungen und schaden der Umwelt. Ein Kompromiss ist ein Mittel auf Eukalyptusbasis, bei dem man etwas öfter nachsprühen muss, und natürlich Mückennetze an den Fenstern des Campers und vor der Schlafkoje.

Außerdem solltet ihr vor allem in Ländern mit **Wasserknappheit** auf häufiges Duschen verzichten oder die Duschzeiten verringern.

Unterwegs ist im Camper der Wasservorrat ohnehin knapp bemessen. Für den Abwasch kann man aber gut auch auf Wasser von Fluss, See oder Meer zurückgreifen. Ein absolut »natürliches« Spülmittel könnt ihr aus Wasser, Natron und Pflanzenseife herstellen.

Spülmittel selber herstellen

500 ml Wasser.

3 TL Natron.

20 g Pflanzenseife, z.B. Olivenölseife

Pflanzenseife mit einer Reibe in Flocken reiben. Wasser in einem Topf aufkochen und die Seifenflocken mit einem Schneebesen unterrühren, bis sie sich aufgelöst haben. Anschließend den Topf vom Herd nehmen und die Lauge abkühlen lassen. In die kalte Seifenlauge das Natron rühren und das fertige Spülmittel abfüllen.

Auch für selbst gemachtes Spülmittel und sogar für die Waschlauge aus Kastanien oder Waschnüssen gilt: niemals direkt in ein Gewässer entleeren! Die Saponine in den Früchten sind giftig für Fische und werden nicht besser abgebaut als herkömmliches Waschmittel.

Im Gebirge und auch in einsamen Meeresbuchten hatten wir schon manchmal das Gefühl, wir sind die einzigen weit und breit, und unser bisschen Seife vom Waschen im Bach macht doch nichts aus. Gerade solche besonderen Biotope sind aber oft auch besonders empfindlich. Darum auch mit biologisch abbaubarer Seife nicht frisch eingeseift in den See oder ins Meer springen, am besten auch nicht mit Sonnenmilch und Mückenspray am Körper. Stattdessen Wasser in eine Schüssel füllen und sich in einiger Entfernung vom Gewässer die Seife vom Körper spülen. Im Erdreich wird sie leichter abgebaut. Wie schon gesagt gilt das selbst für Bio-Seife aus Kastanien oder Waschnüssen. Ganz neutral ist allerdings Heilerde, die es als Pulver zu kaufen gibt. Man rührt sie zum Waschen zu einer Paste an, und sie taugt auch zum Haarewaschen (das haben wir aber noch nicht ausprobiert), sowie reine Aktivkohle zum Zähneputzen.

Verzichtet auf Reisen auf synthetische Materialien in Eurer Kleidung. Nicht nur, weil sie aus Erdöl bestehen, sondern auch weil sie generell schwer verrotten. Naturfasern wie Hanf, Leinen und (Baum)Wolle sind nicht nur atmungsaktiver, sondern auch besser für die Umwelt.

Wer eine chemische Toilette im Camper hat, kennt wahrscheinlich die Nachteile: Die chemischen Stoffe, die Gerüche verhindern sollen, sind nur schwer zu entsorgen. Der Tank ist auch schnell voll, so dass man immer wieder auf der Suche nach einer Entsorgungsstation ist.

Durch die Verwendung einer Trockentrenntoilette könnt ihr auf chemische Toiletten unterwegs verzichten. Diese Version einer Camping-Toilette funktioniert komplett ohne Wasser und chemische Zusätze und eignet sich so besonders beim Wildcampen. Hierbei wird – wie der Name schon sagt – Flüssiges von Festen getrennt: Urin und feste Ausscheidungen werden getrennt in 2 Tanks aufgefangen und können so auch getrennt entsorgt werden, und zwar einfach in eine Toilette bzw. auf den Kompost.

PACKLISTE

FÜR EINEN UMWELTFREUNDLICHEN WASCHBEUTEL

Festes Shampoo

Feste Duschseife

Feste Zahnpasta

Sonnencreme (mit mineralischem UV-Filter
und ohne Nanopartikel)

Mückenspray (vorzugsweise auf Basis von
Eukalyptusöl, auch wenn das nicht so lange
hält wie andere Mittel)

Zahnbürste aus Holz oder Bambus

Zahnseide aus natürlichem Material

Lippenpflege

Menstruationstasse (statt Tampons) oder
Menstruationsunterwäsche

Recycling-Toilettenpapier

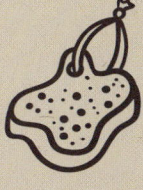

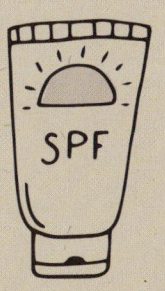

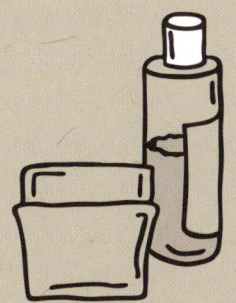

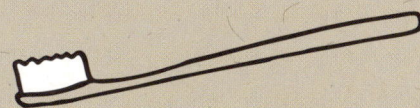

UMWELTFREUNDLICHE LÖSUNGEN FÜR UNTERWEGS: Heilerde
statt Shampoo und Seife und Aktivkohle statt Zahnpasta

Süßes

ZUTATEN
für 1 Pfannencookie

BACKZEIT
ca. 15 Minuten

IHR BRAUCHT
1 Pfanne (ca. Ø 26 cm)

PFANNENCOOKIE
MIT SCHOKOSTÜCKCHEN UND HIMBEEREN

Zutaten

100 g Butter
150 g Mehl
1 TL Backpulver
60 g Zucker
1 Ei
80 g Himbeeren
30 g Schokostückchen

Zubereitung

1. Die Butter in einer Pfanne auf kleiner Flamme zum Schmelzen bringen. Wichtig ist: Der Pfannen-Cookie benötigt während des Backvorgangs nur wenig Hitze.
2. Mehl, Backpulver, und Zucker in einer kleinen Schüssel mischen.
3. Die Pfanne kurz von der Flamme nehmen und das Ei hinzugeben. Butter und Ei gut miteinander vermengen.
4. Die Pfanne auf kleiner Flamme wieder auf den Kocher setzen, die Mehlmischung unterheben und alles zu einem glatten Teig in der Pfanne verrühren.
5. Die Schokostückchen und Himbeeren darüber verteilen – die Schokolade sollte nicht den Pfannenboden berühren.
6. Abgedeckt (mit einem Teller oder Deckel) 15 Minuten bei kleiner Flamme in der Pfanne backen, dann kurz das Kondenswasser von der Innenseite des Deckels wischen. Danach die geschlossene Pfanne weitere 15 Minuten abkühlen lassen.

Der Pfannencookie sollte weich und saftig (»chewy«) bleiben. Darum die Hitze nicht zu hoch stellen, sonst brennt er von unten an!

ZUTATEN
für 1 Tarte
GRILLZEIT
ca. 10–15 Minuten
IHR BRAUCHT
1 Pfanne, 1 Grill

TARTE TATIN
VOM GRILL

Zutaten

80 g Zucker
20 g Butter
3 mittelgroße Äpfel
1 runder Blätterteig

Zubereitung

1. Butter in Scheiben schneiden und in die Pfanne legen. Darüber den Zucker streuen.
2. Die Äpfel schälen, vierteln und entkernen. Anschließend ebenfalls in der Pfanne verteilen.
3. Den Teig mit einer Gabel einstechen und über die Äpfel legen.
4. Bei mittelstarker Glut zugedeckt (mit einem Deckel, Teller oder etwas Vergleichbaren) auf dem Grill ca. 10 Minuten backen. Durch die Hitze von unten karamellisieren die Äpfel während des Backvorgangs.
5. Die Pfanne vom Grill nehmen und 2 Minuten abgedeckt ruhen lassen. Anschließend stürzen und umgedreht noch einmal in der Pfanne auf dem Grill weitere 7–10 Minuten fertig grillen. Hierbei auf die Hitze achten, damit der Blätterteig in der Pfanne nicht anbrennt.

ZUTATEN
für 2 Personen

KOCHZEIT
ca. 15 Minuten

IHR BRAUCHT
1 Pfanne, 1 Schüssel

TIPP: WAS DIE NATUR GIBT
Beim Waldspaziergang kann man Blaubeeren, Brombeeren und Himbeeren – sowie etwas seltener: Walderdbeeren – entdecken. Deshalb für die Ernte am Wegesrand immer eine kleine Vorratsdose im Rucksack dabeihaben.

KAISERSCHMARRN
MIT FRISCHEN BEEREN

Zutaten

3 Eier
100 g Mehl
1 TL Backpulver
Salz
1 Päckchen Vanillezucker
20 g Zucker
100 ml Milch
Abrieb einer Zitrone
1 EL Butter oder 2 EL Öl
eventuell Puderzucker

Beeren der Saison und nach Wahl: Blaubeeren, Brombeeren oder Himbeeren passen durch ihre Säure besonders gut zu diesem süßen Hauptgericht

Zubereitung

1. Zunächst die Eier trennen und das Mehl mit dem Backpulver und einer Prise Salz mischen.
2. Eigelb mit dem Vanillezucker und dem Zucker glattrühren, die Milch hinzugeben und nach und nach die Mehl-Backpulver-Mischung unterrühren.
3. Das Eiweiß steif schlagen.
4. Zitronenabrieb und das geschlagene Eiweiß vorsichtig unterheben.
5. Butter oder Öl in der Pfanne erhitzen und den Teig in die Pfanne geben.
6. Langsam garen – am besten mit einem Deckel oder Teller abdecken, bis die Masse von unten gebräunt ist. Danach vorsichtig wenden und auch von der anderen Seite anbraten.
7. Abschließend den Teig in Stücke zupfen und – wenn vorrätig – mit Puderzucker bestreuen.
8. Frische Beeren waschen, eventuell klein schneiden und dazu reichen.

TIPP: REGIONALITÄT
Inzwischen wird Chia auch in Europa und sogar in Deutschland angepflanzt. Hierfür einfach in dem jeweiligen Land im Biosupermarkt schauen, um mit gutem Gewissen und kurzen Lieferketten einzukaufen.

CHIA-PUDDING
MIT HIMBEEREN

Zutaten

60 g Chia
400 ml Milch oder
   Pflanzendrink
200 g Himbeeren

Zubereitung

1. Den Chia je zur Hälfte in die Gläser geben und mit jeweils 200 ml Milch aufgießen. Kurz umrühren und mindestens 15 Minuten ziehen lassen – am besten jedoch über Nacht.
2. Himbeeren hinzufügen.

ZUTATEN
für 2 Portionen

ZUBEREITUNG
ca. 10–15 Minuten

IHR BRAUCHT
1 Schüssel, 2 Gläser

QUARK-TRIFLE
MIT KIRSCHEN, HIMBEEREN UND AMARETTINI

Zutaten

100 g Quark
1 EL Zitronensaft
1 EL Zucker
30 g Amarettini
100 g Kirschen
100 g Himbeeren

Zubereitung

1. Quark, Zitronensaft und Zucker vermischen.
2. Die Amarettini grob zerstoßen.
3. In 2 Gläsern nacheinander aufschichten: eine Amarettini-Schicht, Kirschen und Himbeeren, dann 2 EL von der Quarkmasse. Das Ganze wiederholen. Obenauf Himbeeren und Kirschen sowie Amarettini-Krümel als Abschluss.

Statt Amarettini gehen auch andere Kekse oder Plätzchen, Löffelbiskuit oder Zwieback.

GRÜNE CAMPINGPLÄTZE
UND ÜBERNACHTUNGSTIPPS

Eine umfangreiche Liste von ökologisch arbeitenden Campingplätzen, u.a. in Europa, findet ihr unter:
https://ecocamping.de/
https://www.ucamping.com/de/thema/oekocamping

Der ADAC gibt auf seiner Seite Tipps zum nachhaltigen Reisen mit dem Wohnmobil:
https://www.adacreisen.de/ratgeber/campingwelten/camping-nachhaltig

Wer lieber auf dem Bauernhof statt auf dem Campingplatz in seinem Van übernachten möchte, findet hier mögliche Stellplätze in Österreich:
https://www.schauaufsland.com/
34,95 € Jahresgebühr, dafür Stellplatz für 24h kostenlos

Zudem gibt es Privatpersonen und Bauern, die ihre Wiesen, Gärten und Waldgrundstücke in Deutschland zur Verfügung stellen. Eine Übersicht und Kontaktmöglichkeit findet ihr unter
https://staybetter.farm/
45 € Jahresgebühr, dafür Stellplatz bis zu 3 Tagen kostenlos

Auch Winzerinnen und Winzer bieten inzwischen auf ihren Höfen und in den Weinbergen Stellplatzmöglichkeiten an. Mehr dazu findet ihr unter anderem im Magazin
Winzeratlas –978-3948979133; es ist leider online keine Stellplatzsuche möglich

Wenn es unterwegs doch mal ein Hotel sein muss, kann man auch hier auf faire und nachhaltige Alternativen zurückgreifen:
https://fairweg.de/
https://www.biohotels.info

Nachhaltigen Tourismus gibt es bei den Reiseangeboten von
https://www.reisenmitsinnen.de/

Noch mehr Tipps zum Thema »nachhaltig reisen« erhaltet ihr in den vielen Online-Magazine und Blogs, die es aktuell auf dem Markt gibt. Ein paar davon haben wir für euch zusammengestellt:
https://www.globetrotter.de/magazin/
https://www.camping.info/magazin
https://www.outdoor-magazin.com/

Für nachhaltiges Verhalten beim Wandern, Outdoor-Sport, Biwakieren usw. gibt es die sieben Prinzipien von Leave No Trace. Auf Deutsch unter:

https://utopia.de/ratgeber/leave-no-trace-so-verhaeltst-du-dich-fair-zur-umwelt/

NACHHALTIG LEBEN

Wenn ihr mehr wissen wollt zum Thema »nachhaltig leben«, gibt es inzwischen unzählige Webseiten sowie Bücher auf dem Markt, bei denen ihr euch informieren und belesen könnt. Ein paar Webseiten zum Thema möchten wir euch empfehlen:

Utopia
https://utopia.de/

Bundesverband Die Verbraucher Initiative e.V.
http://www.oeko-fair.de/

GEO Magazin
https://www.geo.de/natur/nachhaltigkeit

Smarticular Blog
https://www.smarticular.net/

WWF Deutschland
https://www.wwf.de/

Greenpeace
https://www.greenpeace.de/engagieren/nachhaltiger-leben

Akademie für Natur- und Umweltschutz Baden-Württemberg
https://umweltakademie.baden-wuerttemberg.de/nachhaltig-leben

Eufic – food facts for healthy choices
https://www.eufic.org/de/

Food unfolded
https://www.foodunfolded.com/de/

Nachhaltig leben
https://www.nachhaltigleben.ch/

Kein Planet B – Nachhaltig leben
https://www.kein-planet-b.de/ratgeber/

BIO @ oekom
https://www.biomagazin.de/

REGISTER